DIE KRAFT DER BAOFENG-RADIOBI BEL FREISETZEN

Guerilla-Kommunikation: Ein Leitfaden zum Verständnis Ihres Funkgeräts für den täglichen Gebrauch

Michael Joe Wisdom

RJ Thesman

As an Author and Certified Writing Coach, RJ Thesman aspires to help other writers birth their words and achieve their goals. She excels at brainstorming, developing a writing plan, accountability and helping her clients move forward. Thesman also holds a Bachelor of Science degree in Education. She has published 9 books, 700+ articles and her work has appeared in 14 anthologies.

One coaching client, Amy Bovaird, expresses her experience with Thesman's coaching: *"I always feel full of possibilities after I coach with RJ."*

Thesman is a member of the National Association of Professional Women, the Kansas Authors Club, the American Association of Christian Counselors, the Heart of America Christian Writer's Network and the Fellowship of Christian Writers.

She is the author of the popular Reverend G trilogy, published by CrossRiver Media. Her most recent book, "Sometimes They Forget – Finding Hope in the

Alzheimer's Journey" is a compilation of essays and meditations for caregivers. http://amzn.to/2ug¡3mT

Thesman's first book in the Coaching Writers series was "Setting and Reaching Your Writing Goals." It is currently available on Amazon™ and Kindle™ at: http://amzn.to/2sqtkšY

She enjoys teaching workshops, speaking at various venues, reading, gardening and cooking – especially anything with blueberries.

You can follow RJ Thesman on Facebook, Twitter, LinkedIn and Goodreads. Connect with RJ on her website at: https://RJThesman.net/

www.ingramcontent.com/pod-product-compliance
Lightning Source LLC
Chambersburg PA
CBHW050247230526
4547OCB00005B/2150

Copyright © 2024 von Michael Joe Wisdom

Alle Rechte vorbehalten. Kein Teil dieser Veröffentlichung darf ohne die vorherige schriftliche Genehmigung des Herausgebers in irgendeiner Form oder mit irgendwelchen Mitteln, einschließlich Fotokopie, Aufzeichnung oder anderen elektronischen oder mechanischen Methoden, reproduziert, verbreitet oder übertragen werden, außer im Fall von kurzen Zitaten, die in enthalten sind kritische Rezensionen und bestimmte andere nichtkommerzielle Nutzungen, die durch das Urheberrecht zulässig sind.

Inhaltsverzeichnis

Inhaltsverzeichnis	2
EINFÜHRUNG	1
Warum sollten Sie sich für Baofeng-Radios entscheiden?	8
KAPITEL 1	14
Erste Schritte mit Baofeng-Radios	14
Auspacken Ihres Baofeng: Schlüsselkomponenten und Funktionen	14
Grundbetrieb	22
Unverzichtbares Zubehör zur Verbesserung Ihres Erlebnisses	29
KAPITEL 2	38
Grundfunktionen beherrschen	38
Frequenz verstehen: VHF vs. UHF	38
Kanäle manuell programmieren	44
Verwendung von Repeater-Kanälen für eine größere Reichweite	50
Scannen und Überwachen mehrerer Kanäle	57
KAPITEL 3	64
Erweiterte Programmierung und Anpassung	64
Verwendung der Chirp-Software zum Programmieren	64
Erstellen und Verwalten von Senderlisten	72
Einrichten von CTCSS/DCS-Codes für den Datenschutz	80
Konfigurieren der Dual-Watch- und Dual-Standby-Modi	87
KAPITEL 4	98

Praktische Anwendungen für den täglichen
Gebrauch 98
Kommunikation in städtischen Umgebungen 98
Verwendung von Baofeng-Radios für
Outdoor-Abenteuer 106
Koordination bei Veranstaltungen 114
Verbesserung der Sicherheit 122
KAPITEL 5 **132**
**Notfallvorsorge und
Katastrophenkommunikation** **132**
Die Rolle von Funkgeräten in Notsituationen 132
Erstellen eines Notfallkommunikationsplans 140
Kommunikation bei Naturkatastrophen 149
Bleiben Sie informiert: Überwachung von
Notrufsendungen und Wetterkanälen 156
KAPITEL 6 **162**
Rechtliche und ethische Überlegungen **162**
Verständnis der FCC-Bestimmungen und
Lizenzanforderungen 162
Ethischer Umgang mit Funkgeräten 172
Datenschutzbedenken und Best Practices 179
Vermeidung von Eingriffen in öffentliche Dienste
185
KAPITEL 7 **194**
Fehlerbehebung und Wartung **194**
Häufige Probleme und schnelle Lösungen 194
Erhaltung der Batteriegesundheit und
Langlebigkeit 200
Reinigung und Pflege Ihres Baofeng-Radios 207
Aktualisieren von Firmware und Software 213
KAPITEL 8 **222**

Aufbau eines Community-Netzwerks	222
Kontakte zu lokalen Radio-Enthusiasten knüpfen	222
Teilnahme an Amateurfunkclubs und -netzwerken	230
Organisation von Community-Übungen und Schulungssitzungen	239
Online-Ressourcen und Foren für kontinuierliches Lernen	247
KAPITEL 9	**256**
Verbesserung der Reichweite und Leistung	**256**
Optimierung der Antennenplatzierung und -auswahl	256
Verwendung von Signalverstärkern und Repeatern	264
Umweltfaktoren, die die Signalstärke beeinflussen	272
DIY-Projekte zur Verbesserung der Radioleistung	279
KAPITEL 10	**288**
Zukünftige Trends und Innovationen in der Funkkommunikation	**288**
Der Einfluss digitaler Modi auf Funkgeräte	288
Integration mit Smartphones und anderen Geräten	295
Neue Technologien in der Notfallkommunikation	304
Die Zukunft von Baofeng und anderen erschwinglichen Funklösungen	311
ABSCHLUSS	**318**

EINFÜHRUNG

Die Funkkommunikation hat seit ihren Anfängen große Fortschritte gemacht und spielt eine entscheidende Rolle bei der Art und Weise, wie wir uns über große Entfernungen verbinden. Alles begann im späten 19. Jahrhundert, als Wissenschaftler begannen, mit drahtlosen Signalen zu experimentieren. Einer der Pioniere war Guglielmo Marconi, ein italienischer Erfinder, dem oft die Erfindung des Radios zugeschrieben wird. In den 1890er Jahren sendete Marconi erfolgreich drahtlose Signale über eine Distanz, und 1901 führte er die erste transatlantische Funkübertragung von England nach Neufundland durch.

Die Reise der Funkkommunikation begann mit der Entdeckung elektromagnetischer Wellen durch James Clerk Maxwell in den 1860er Jahren. Diese Wellen, zu denen sichtbares Licht, Radiowellen und Röntgenstrahlen gehören, breiten sich durch den Weltraum aus und können Informationen übertragen. Heinrich Hertz förderte Maxwells Arbeit in den 1880er Jahren, indem er die Existenz dieser Wellen nachweise und so den Weg für praktische Anwendungen ebnete.

Marconis frühe Experimente verwendeten den Morsecode, ein System aus Punkten und Strichen, die Buchstaben und Zahlen darstellen. Dieses System ermöglichte den drahtlosen Versand einfacher Nachrichten, ein Durchbruch für die Kommunikation über große Entfernungen, insbesondere für Schiffe auf See. Vor dem Funk waren Schiffe auf visuelle Signale wie Flaggen oder Laternen angewiesen, die durch Entfernung und Sichtbarkeit begrenzt waren. Funkwellen könnten sich bei jedem Wetter viel weiter ausbreiten, was die Kommunikation auf See deutlich sicherer macht.

Zu Beginn des 20. Jahrhunderts entwickelte sich die Funktechnologie weiter. Reginald Fessenden, ein kanadischer Erfinder, leistete einen bedeutenden

Beitrag, indem er 1906 die erste Audio-Radiosendung übertrug. Er verschickte an Heiligabend eine Sendung mit Musik und Sprache und markierte damit einen Wandel vom einfachen Morsecode zu komplexeren Audiosignalen. Dieser Durchbruch ermöglichte die drahtlose Übertragung von Sprache und Musik und eröffnete dem Radio als Unterhaltungs- und Informationsmedium neue Möglichkeiten.

Die Entwicklung der Vakuumröhre durch Lee De Forest im Jahr 1906 war ein weiterer entscheidender Fortschritt. Vakuumröhren verstärkten schwache Signale und ermöglichten so die Übertragung von Funksignalen über noch größere Entfernungen. Diese Innovation führte in den 1920er Jahren zur Gründung der ersten Radiosender. KDKA in Pittsburgh, Pennsylvania, wird oft als der erste kommerzielle Radiosender der Welt bezeichnet, der 1920 mit regelmäßigen Sendungen begann. Radio wurde schnell zu einem beliebten Medium für

Nachrichten, Musik und Unterhaltung und erreichte Millionen von Menschen in ihren Häusern.

Während des Zweiten Weltkriegs erwies sich die Funkkommunikation als unverzichtbar für militärische Operationen. Es ermöglichte eine Echtzeitkommunikation zwischen Truppen, Schiffen und Flugzeugen und verbesserte die Koordination und Effektivität erheblich. Auch die Nutzung des Radios zur Propaganda und Informationsverbreitung verbreitete sich, wobei Sendungen dazu genutzt wurden, die öffentliche Meinung und Moral auf beiden Seiten des Konflikts zu beeinflussen.

Nach dem Krieg entwickelte sich die Funktechnik weiter weiter. Die Erfindung des Transistors im Jahr 1947 durch John Bardeen, Walter Brattain und William Shockley revolutionierte die Funkkommunikation. Transistoren ersetzten sperrige Vakuumröhren und machten Radios kleiner, tragbarer und zuverlässiger. Dies führte zur

Verbreitung tragbarer Radios, die in den 1950er und 1960er Jahren zu einem alltäglichen Haushaltsgegenstand wurden.

Im 20. Jahrhundert entstanden auch verschiedene Arten der Funkkommunikation, etwa die Frequenzmodulation (FM) und die Amplitudenmodulation (AM). AM-Radio, das die Amplitude des Signals moduliert, war der Standard für frühe Radiosendungen. Das von Edwin Armstrong in den 1930er Jahren entwickelte UKW-Radio moduliert die Frequenz des Signals und bietet eine bessere Klangqualität und weniger Störungen. UKW-Radio wurde für Musiksendungen populär, während AM für Nachrichten und Talkshows weiterhin vorherrschend war.

Die Einführung der Satellitentechnologie in der zweiten Hälfte des 20. Jahrhunderts markierte einen weiteren bedeutenden Sprung in der Funkkommunikation. Satelliten ermöglichten eine globale Übertragung und ermöglichten die

Übertragung von Signalen rund um die Welt. Diese Technologie verbesserte nicht nur die internationale Kommunikation, sondern verbesserte auch Dienste wie Wettervorhersage, Navigation und Fernsehübertragungen.

Im späten 20. und frühen 21. Jahrhundert begann die digitale Technologie die Funkkommunikation zu verändern. Digitales Radio, einschließlich Satellitenradio und Internetradio, bot eine verbesserte Klangqualität und eine größere Auswahl an Kanälen. Digitale Kommunikationsprotokolle wie Digital Mobile Radio (DMR) und Project 25 (P25) wurden zum Standard für die öffentliche Sicherheit und den professionellen Einsatz und sorgten für eine klarere und zuverlässigere Kommunikation.

Eine der bedeutendsten jüngsten Entwicklungen in der Funkkommunikation ist die Integration von Funkgeräten mit anderen digitalen Geräten. Moderne Funkgeräte wie die Baofeng-Funkgeräte kombinieren traditionelle Funktechnik mit digitalen Funktionen und sind somit vielseitige Werkzeuge sowohl für den Alltagsgebrauch als auch für die Notfallvorsorge. Diese Funkgeräte können mit mehreren Kanälen programmiert werden, nutzen digitale Codes für eine sichere Kommunikation und lassen sich sogar mit GPS zur Standortverfolgung integrieren.

Heutzutage ist die Funkkommunikation ein wesentlicher Bestandteil unseres Lebens und wird in allen Bereichen eingesetzt, von persönlichen Kommunikationsgeräten bis hin zu Rettungsdiensten, Luft- und Seeoperationen. Die Entwicklung des Radios von einfachen drahtlosen Signalen zu hochentwickelten digitalen Kommunikationssystemen ist ein Beweis für den menschlichen Einfallsreichtum und das ständige Streben nach Verbindungen über Entfernungen hinweg.

Diese reiche Geschichte unterstreicht die Bedeutung der Funkkommunikation und ihre Rolle bei der Gestaltung unserer Welt. Von Marconis frühen Experimenten bis hin zu den fortschrittlichen Digitalradios von heute stellt jeder Meilenstein einen Fortschritt in unserer Fähigkeit dar, über große Entfernungen zu kommunizieren. Während sich die Technologie weiterentwickelt, wird die Funkkommunikation zweifellos ein wichtiges Werkzeug bleiben und sich an die Bedürfnisse einer immer vernetzten Welt anpassen.

Warum sollten Sie sich für Baofeng-Radios entscheiden?

Baofeng-Radios sind eine beliebte Wahl für viele Menschen, die zuverlässige und effiziente Kommunikationsmittel benötigen. Einer der Hauptgründe, warum Menschen Baofeng-Radios bevorzugen, ist ihre Erschwinglichkeit. Im Gegensatz zu vielen anderen Funkgeräten sind Baofeng-Modelle preisgünstig und daher für ein breites Spektrum von Benutzern zugänglich, vom

Hobbyisten bis zum Notfallvorsorge-Enthusiasten. Trotz ihrer geringen Kosten bieten diese Radios eine Reihe robuster Funktionen, die mit teureren Modellen mithalten können.

Vielseitigkeit ist ein weiterer wesentlicher Vorteil von Baofeng-Radios. Sie sind für den Einsatz in verschiedenen Umgebungen und Situationen konzipiert. Ganz gleich, ob Sie sie für Outdoor-Aktivitäten wie Wandern, Camping oder Bootfahren oder für die Koordinierung von Veranstaltungen wie Festivals und Sportaktivitäten verwenden, Baofeng-Radios sind der Aufgabe gewachsen. Sie arbeiten sowohl auf VHF- als auch auf UHF-Frequenzen und können daher in städtischen Gebieten mit vielen Gebäuden und auf offenen Flächen eingesetzt werden, wo eine Kommunikation über große Entfernungen erforderlich ist. Diese Dualband-Fähigkeit macht sie unglaublich flexibel und für viele verschiedene Szenarien geeignet.

Auch die Benutzerfreundlichkeit ist ein wesentliches Merkmal der Baofeng-Radios. Sie sind so konzipiert, dass sie auch für Anfänger einfach zu bedienen sind. Die Bedienelemente sind unkompliziert, mit klaren Beschriftungen und einer einfachen Benutzeroberfläche, die das Erlernen der Bedienung des Radios schnell und einfach macht. Zu vielen Modellen gehört ein umfassendes Handbuch, das den Benutzer durch die Einrichtung und die Grundfunktionen führt. Darüber hinaus gibt es zahlreiche Online-Ressourcen, darunter Videos und Foren, in denen Benutzer Hilfe und Rat von einer Community erfahrener Benutzer finden können.

Ein weiterer Vorteil von Baofeng-Radios ist ihre Programmierbarkeit. Benutzer können Kanäle und Frequenzen manuell programmieren oder ihre Radios mithilfe von Software an spezifische Bedürfnisse anpassen. Diese Funktion ist besonders nützlich für diejenigen, die mehrere Kanäle für unterschiedliche Zwecke einrichten müssen, beispielsweise zur Koordinierung eines Teams während einer Veranstaltung oder zur Überwachung verschiedener Frequenzen während eines Notfalls. Die Möglichkeit, das Radio zu programmieren, bietet eine individuelle Anpassungsebene, die seine Funktionalität erweitert.

Baofeng-Radios verfügen außerdem über mehrere praktische Funktionen, die ihre Benutzerfreundlichkeit verbessern. Viele Modelle verfügen über eine integrierte Taschenlampe, die bei schlechten Lichtverhältnissen äußerst praktisch sein kann. Sie verfügen außerdem über eine Notfallalarmfunktion, die aktiviert werden kann, um andere im Gefahrenfall zu warnen. Diese zusätzlichen Funktionen machen Baofeng-Funkgeräte nicht nur zu Kommunikationsgeräten, sondern auch zu wertvollen Werkzeugen für Sicherheit und Komfort.

Haltbarkeit ist ein weiterer Pluspunkt. Baofeng-Radios sind so gebaut, dass sie rauen

Bedingungen standhalten. Sie bestehen aus robusten Materialien, die Stürzen und Stößen standhalten, sodass sie für den Einsatz im Freien und unter rauen Bedingungen geeignet sind. Diese Haltbarkeit stellt sicher, dass Ihr Radio länger hält und auch in anspruchsvollen Umgebungen weiterhin gute Leistung erbringt.

Lobenswert ist auch die Akkulaufzeit der Baofeng-Radios. Sie sind mit langlebigen Batterien ausgestattet, die das Radio über einen längeren Zeitraum betriebsbereit halten. Dies ist besonders wichtig in Situationen, in denen Sie möglicherweise keinen unmittelbaren Zugang zu Lademöglichkeiten haben, beispielsweise während eines Campingausflugs oder eines Notfalls. Mit einer zuverlässigen Stromquelle können Sie sich auf Ihr Radio verlassen, wenn Sie es am meisten brauchen.

Baofeng-Funkgeräte werden sowohl von Amateurfunkbegeisterten als auch von Profis häufig verwendet. Durch diese weit verbreitete Nutzung ist eine große Community von Benutzern entstanden, die Tipps, Programmierhandbücher und andere hilfreiche Informationen austauschen. Teil einer solchen Community zu sein kann unglaublich nützlich sein, insbesondere für neue Benutzer, die gerade erst lernen, wie sie das Beste aus ihren Radios herausholen können.

Baofeng-Radios zeichnen sich dadurch aus, dass sie erschwinglich, vielseitig, benutzerfreundlich, programmierbar, langlebig und mit praktischen Funktionen ausgestattet sind. Diese Eigenschaften machen sie zu einer ausgezeichneten Wahl für alle, die ein zuverlässiges Kommunikationsmittel benötigen, sei es für den täglichen Gebrauch, Outdoor-Abenteuer oder Notfallsituationen.

KAPITEL 1

Erste Schritte mit Baofeng-Radios

Auspacken Ihres Baofeng: Schlüsselkomponenten und Funktionen

Wenn Sie die Verpackung eines Baofeng-Radios zum ersten Mal öffnen, finden Sie mehrere Komponenten, die für den Betrieb unerlässlich sind. Jeder Teil hat eine bestimmte Rolle und zusammen sorgen sie dafür, dass Ihr Radio effektiv funktioniert. Das Verständnis dieser Komponenten und ihrer Funktionen wird Ihnen den sicheren Einstieg in die Verwendung Ihres Baofeng-Radios erleichtern.

Zuerst sehen Sie das Baofeng-Radio selbst. Dies ist das Hauptgerät und der wichtigste Teil des Pakets. Das Radio verfügt über mehrere Tasten, einen Bildschirm, einen Antennenanschluss und Anschlüsse für Zubehör. Das Gehäuse des Radios besteht in der Regel aus robustem Kunststoff, um dem alltäglichen Gebrauch und möglichen Stürzen standzuhalten. Auf dem Display werden wichtige Informationen wie der aktuelle Kanal, die Frequenz und der Batteriestatus angezeigt.

Als nächstes finden Sie die Antenne. Die Antenne ist entscheidend für das Senden und Empfangen von Signalen. Normalerweise wird es oben am Radio angeschraubt. Einige Modelle werden mit einer Basisantenne geliefert, Sie können jedoch auch erweiterte Antennen erwerben, um die Reichweite und Leistung des Funkgeräts zu verbessern. Die Antenne hilft dabei, Signale von anderen Radios zu empfangen und Ihr Signal über eine Entfernung zu übertragen.

Im Lieferumfang enthalten ist die Batterie. Baofeng-Radios verwenden normalerweise wiederaufladbare Lithium-Ionen-Batterien. Diese Batterien sind für ihre lange Lebensdauer und Zuverlässigkeit bekannt. Sie müssen den Akku an der Rückseite des Radios anbringen. Bevor Sie das Radio zum ersten Mal verwenden, empfiehlt es sich, den Akku vollständig aufzuladen, um eine maximale Nutzungsdauer zu gewährleisten.

Im Lieferumfang ist außerdem ein Ladegerät enthalten, das zum Aufladen des Akkus dient. Baofeng-Radios werden normalerweise mit einem Tischladegerät geliefert, bei dem Sie das Radio zum Aufladen in eine Ladestation stellen. Einige Modelle enthalten möglicherweise auch ein USB-Ladekabel, das an einen Computer oder ein Netzteil angeschlossen werden kann. Dadurch lässt sich das Radio bequem zu Hause oder unterwegs aufladen.

Ein weiterer wichtiger Bestandteil ist der Gürtelclip. Der Gürtelclip wird an der Rückseite des Radios befestigt, sodass Sie es zum einfachen Tragen an Ihrem Gürtel oder Ihrer Tasche befestigen können. Dies ist besonders nützlich, wenn Sie während der Nutzung des Radios die Hände frei haben müssen. Der Gürtelclip besteht in der Regel aus stabilem Kunststoff und lässt sich leicht anbringen und abnehmen.

Außerdem finden Sie einen Ohrhörer mit integriertem Mikrofon. Dieses Zubehör ist nützlich für die Freisprechkommunikation. Der Ohrhörer wird an der Seite des Radios eingesteckt und Sie können damit Nachrichten abhören und sprechen, ohne das Radio an den Mund halten zu müssen. Dies ist besonders hilfreich in Situationen, in denen Sie diskret sein müssen oder wenn Sie sich in einer lauten Umgebung befinden.

Eine weitere im Lieferumfang enthaltene Komponente ist eine Handschlaufe. Die

Handschlaufe lässt sich am Funkgerät befestigen, sodass es einfacher zu tragen ist und weniger anfällig für Stürze ist. Es handelt sich um ein einfaches, aber effektives Zubehör, das die Verwendung Ihres Baofeng-Radios noch komfortabler macht.

Darüber hinaus ist in der Regel eine Bedienungsanleitung im Paket enthalten. Das Handbuch enthält detaillierte Anweisungen zur Einrichtung und Verwendung Ihres Radios. Es enthält Diagramme und Erläuterungen zu den einzelnen Tasten und Funktionen, sodass Sie die Bedienung des Radios leichter verstehen. Das Handbuch ist insbesondere für Einsteiger eine wichtige Ressource.

Lassen Sie uns nun über einige der Hauptfunktionen des Baofeng-Radios selbst sprechen. Eines der herausragenden Features ist die Dualband-Fähigkeit. Das bedeutet, dass das Radio auf zwei verschiedenen Frequenzbändern betrieben werden kann: VHF (Very High Frequency) und UHF (Ultra High Frequency). Diese Dualband-Funktion ermöglicht eine größere Flexibilität bei der Kommunikation, da Sie je nach Bedarf und Umgebung zwischen den Bändern wechseln können.

Das Baofeng-Radio verfügt außerdem über eine eingebaute Taschenlampe. Dies kann in dunklen oder schlechten Lichtsituationen sehr praktisch sein, beispielsweise während einer nächtlichen Wanderung oder einem Stromausfall. Die Taschenlampe befindet sich normalerweise oben am Radio und kann mit einer speziellen Taste einfach ein- und ausgeschaltet werden.

Ein weiteres nützliches Feature ist die Notfallalarmfunktion. Dies kann aktiviert werden, um andere zu warnen, wenn Sie in Gefahr sind oder sofortige Hilfe benötigen. Wenn der Alarm ausgelöst wird, gibt das Radio einen lauten Ton ab, um die Aufmerksamkeit zu erregen, was in

Notsituationen von entscheidender Bedeutung sein kann.

Über die Tastatur des Radios können Sie Frequenzen und Kanäle manuell eingeben. Dies gibt Ihnen die Flexibilität, sich auf bestimmte Frequenzen einzustellen und Ihre Kommunikationseinstellungen anzupassen. Das Tastenfeld umfasst außerdem Tasten zum Einstellen der Lautstärke, zum Wechseln der Kanäle und zum Zugriff auf verschiedene Menüoptionen.

Ein weiteres wichtiges Feature ist der Bildschirm des Baofeng-Radios. Es zeigt wichtige Informationen wie den aktuellen Kanal, die Frequenz und den Batteriestand an. Einige Modelle zeigen auch zusätzliche Informationen an, etwa die Signalstärke und ob sich das Funkgerät im Sende- oder Empfangsmodus befindet. Der Bildschirm ist in der Regel von hinten beleuchtet, sodass er sowohl bei hellen als auch bei schwachen Lichtverhältnissen gut lesbar ist.

Baofeng-Radios verfügen außerdem über programmierbare Speicherkanäle. Mit dieser Funktion können Sie häufig verwendete Frequenzen und Kanäle speichern, um schnell darauf zugreifen zu können. Sie können diese Kanäle manuell programmieren oder per Software in das Radio laden. Dies ist besonders nützlich, wenn Sie regelmäßig auf bestimmten Frequenzen kommunizieren oder schnell zwischen den Kanälen wechseln müssen.

Zusätzlich zu diesen Funktionen verfügen Baofeng-Radios häufig über verschiedene Scanfunktionen. Beim Scannen kann das Funkgerät eine Reihe von Frequenzen oder Kanälen durchsuchen, um aktive Übertragungen zu finden. Dies ist hilfreich, um mehrere Frequenzen zu überwachen und über das Geschehen um Sie herum auf dem Laufenden zu bleiben.

Baofeng-Radios sind für ihre Langlebigkeit und Zuverlässigkeit bekannt. Sie sind so konstruiert, dass sie rauen Bedingungen standhalten und eignen sich daher für Outdoor-Abenteuer, Notsituationen und den täglichen Gebrauch. Die Kombination aus Erschwinglichkeit, vielseitigen Funktionen und robustem Design macht Baofeng-Radios zu einer großartigen Wahl für alle, die ein zuverlässiges Kommunikationstool benötigen.

Wenn Sie die Komponenten und Hauptfunktionen Ihres Baofeng-Radios verstehen, können Sie dieses leistungsstarke Gerät optimal nutzen und in verschiedenen Situationen eine effektive Kommunikation gewährleisten.

Grundbetrieb

Die erste Verwendung eines Baofeng-Radios kann aufregend und unkompliziert sein. Es ist wichtig zu wissen, wie man grundlegende Vorgänge wie das Einschalten des Radios, die Auswahl von Kanälen und das Einstellen der Lautstärke durchführt. Dieser

Leitfaden hilft Ihnen, diese grundlegenden Schritte zu verstehen.

Um Ihr Baofeng-Radio einzuschalten, suchen Sie den Ein-/Aus-/Lautstärkeregler. Dieser Knopf befindet sich normalerweise oben am Radio. Es dient zwei Zwecken: dem Ein- und Ausschalten des Radios und der Regelung der Lautstärke. Um das Radio einzuschalten, drehen Sie den Knopf im Uhrzeigersinn, bis Sie ein Klicken hören. Der Bildschirm sollte aufleuchten und anzeigen, dass das Radio jetzt eingeschaltet ist. Möglicherweise hören Sie auch eine Willkommensnachricht oder einen Piepton, der bestätigt, dass das Gerät betriebsbereit ist.

Sobald das Radio eingeschaltet ist, können Sie die Lautstärke mit demselben Knopf einstellen. Drehen Sie den Knopf weiter im Uhrzeigersinn, um die Lautstärke zu erhöhen. Wenn die Lautstärke zu laut wird, drehen Sie sie gegen den Uhrzeigersinn, um sie zu verringern. Das Finden der richtigen

Lautstärke ist wichtig, insbesondere in lauten Umgebungen oder wenn Sie eingehende Übertragungen aufmerksam abhören müssen.

Denken Sie daran, dass derselbe Knopf auch zum Ausschalten des Radios verwendet wird, indem Sie ihn vollständig gegen den Uhrzeigersinn drehen, bis Sie ein Klicken hören.

Die Auswahl eines Kanals ist der nächste Schritt. Kanäle sind vorprogrammierte Frequenzen, zwischen denen Sie wechseln können, um mit verschiedenen Personen oder Gruppen zu kommunizieren. Um einen Kanal auszuwählen, verwenden Sie die Tastatur und den Bildschirm. An der Seite des Radios befindet sich eine Taste mit der Bezeichnung „VFO/MR" (Variable Frequency Oscillator/Memory Recall). Drücken Sie diese Taste, um zwischen dem Frequenzmodus (wo Sie eine Frequenz manuell eingeben können) und dem Speichermodus (wo Sie aus vorprogrammierten Kanälen auswählen können) zu wechseln.

Verwenden Sie im Speichermodus die Aufwärts- und Abwärtspfeiltasten auf der Tastatur, um durch die Kanäle zu blättern. Jeder Kanal hat eine entsprechende Nummer und auf dem Bildschirm werden die Kanalnummer und die zugehörige Frequenz angezeigt. Scrollen Sie durch die Kanäle, bis Sie den Kanal gefunden haben, den Sie benötigen. Um schnell zu einem bestimmten Kanal zu springen, können Sie die Kanalnummer direkt über die Tastatur eingeben. Wenn Sie beispielsweise zu Kanal 5 wechseln möchten, drücken Sie einfach die Nummer 5 auf der Tastatur.

Im Frequenzmodus können Sie die gewünschte Frequenz manuell eingeben. Dieser Modus ist nützlich, wenn Sie die genaue Frequenz kennen, auf der Sie kommunizieren müssen, oder wenn Sie nach einem bestimmten Signal suchen. Um eine Frequenz einzugeben, geben Sie die Zahlen direkt über die Tastatur ein. Wenn Sie beispielsweise 145,500 MHz einstellen möchten, geben Sie einfach 145500 ein. Das Display aktualisiert sich und zeigt die eingegebene Frequenz an und das Radio schaltet auf diese um.

Darüber hinaus verfügen viele Baofeng-Radios über eine Scanfunktion. Durch das Scannen kann das Radio automatisch die verfügbaren Kanäle oder Frequenzen durchsuchen, um aktive Übertragungen zu finden. Um die Scanfunktion zu aktivieren, suchen Sie nach der Schaltfläche „SCANNEN" oder der Menüoption, die normalerweise durch Drücken der Schaltfläche „MENÜ" und Navigieren durch die Optionen zugänglich ist. Sobald Sie den Suchlauf aktivieren, beginnt das Radio, durch die Kanäle oder Frequenzen zu blättern und stoppt, wenn es ein aktives Signal erkennt. Dies ist nützlich, um mehrere Kanäle zu überwachen oder Gespräche in Ihrer Nähe zu finden.

Ein weiterer wichtiger Aspekt der Kanalauswahl ist die Einrichtung von Datenschutzcodes, bekannt als CTCSS (Continuous Tone-Coded Squelch System) oder DCS (Digital-Coded Squelch). Diese Codes tragen dazu bei, dass Sie nur Übertragungen von Funkgeräten hören, die denselben Code verwenden, wodurch Störungen durch andere Benutzer auf derselben Frequenz reduziert werden. Um einen CTCSS- oder DCS-Code festzulegen, drücken Sie die Taste „MENU", scrollen Sie zum entsprechenden Menüpunkt (normalerweise mit „T-CTCS" für Sende-CTCSS oder „R-DCS" für Empfangs-DCS gekennzeichnet), wählen Sie ihn aus und verwenden Sie ihn dann Geben Sie über die Tastatur den gewünschten Code ein. Drücken Sie die Taste „MENU" erneut, um Ihre Auswahl zu bestätigen.

Mit Baofeng-Radios können Sie Ihre Lieblingskanäle auch speichern, um schnell darauf zugreifen zu können. Um einen Kanal zu speichern, stellen Sie zunächst sicher, dass Sie sich auf der gewünschten Frequenz oder dem gewünschten Kanal befinden. Drücken Sie die Taste „MENU", navigieren Sie zur Option „MEM-CH" (Speicherkanal) und wählen Sie sie aus. Wählen Sie über die Tastatur einen Speicherplatz aus, auf dem Sie diesen Kanal speichern möchten. Drücken Sie erneut „MENU", um es zu speichern. Sie können nun schnell auf diesen gespeicherten Kanal zugreifen, indem Sie in den Speichermodus wechseln und die entsprechende Slot-Nummer auswählen.

Schließlich kann das Verständnis der Dual-Watch- oder Dual-Standby-Funktion Ihr Kommunikationserlebnis verbessern. Mit dieser Funktion können Sie zwei Kanäle gleichzeitig überwachen. Um die Doppelüberwachung zu aktivieren, drücken Sie die Taste „MENU", suchen Sie die Option „TDR" (Dual-Empfang) und wählen Sie sie aus. Wenn Sie diese Funktion aktivieren, wechselt das Funkgerät zwischen den beiden Kanälen und stoppt auf jedem Kanal, der eine Übertragung empfängt. Dies ist besonders nützlich, wenn Sie die Kommunikation auf zwei verschiedenen Frequenzen verfolgen müssen, ohne ständig hin und her zu wechseln.

Wenn Sie diese Schritte befolgen, können Sie Ihr Baofeng-Radio effektiv bedienen und sicherstellen, dass es Ihren Kommunikationsanforderungen entspricht. Diese grundlegenden Operationen; Das Einschalten des Radios, die Auswahl von Kanälen und die Einstellung der Lautstärke sind die Grundlage für die effiziente Nutzung Ihres Baofeng-Radios. Wenn Sie mit diesen Funktionen vertrauter werden, fällt es Ihnen leichter, die zusätzlichen Funktionen Ihres Radios zu erkunden und zu nutzen, sodass Sie in verschiedenen Situationen in Verbindung bleiben.

Unverzichtbares Zubehör zur Verbesserung Ihres Erlebnisses

Die Verwendung von Baofeng-Radios kann mit dem richtigen Zubehör erheblich verbessert werden. Dieses Zubehör kann die Leistung des Radios verbessern, seine Funktionalität erhöhen und die Verwendung komfortabler machen. Hier finden Sie einige wichtige Zubehörteile für Baofeng-Radios und wie diese Ihr Erlebnis verbessern können.

Eines der wichtigsten Zubehörteile ist eine hochwertige Antenne. Die Standardantenne, die mit Ihrem Baofeng-Radio geliefert wird, ist funktionsfähig, aber ein Upgrade auf eine bessere Antenne kann Ihre Signalreichweite und -klarheit erheblich verbessern. Eine beliebte Wahl ist die Nagoya NA-771-Antenne, die für ihre große Reichweite und Haltbarkeit bekannt ist. Diese Antenne lässt sich einfach an Ihrem Funkgerät anbringen und hilft Ihnen, über größere Entfernungen effektiver zu kommunizieren, was sie ideal für Outdoor-Abenteuer und Notfallsituationen macht.

Ein Ohrhörer mit integriertem Mikrofon ist ein weiteres nützliches Zubehör. Es ermöglicht eine freihändige Bedienung, was besonders hilfreich ist, wenn Sie Ihre Hände für andere Aufgaben frei haben müssen. Der Ohrhörer passt bequem in Ihr

Ohr und das Mikrofon befindet sich in der Nähe Ihres Mundes, sodass Sie problemlos sprechen können, ohne das Funkgerät halten zu müssen. Dieses Setup eignet sich perfekt für geschäftige Umgebungen oder wenn Sie diskret sein müssen. Darüber hinaus sind Ohrhörer oft mit einer Push-to-Talk-Taste (PTT) ausgestattet, die das Senden von Nachrichten noch komfortabler macht.

Externe Mikrofone, auch Lautsprechermikrofone genannt, sind für Benutzer wertvoll, die häufig und klar kommunizieren müssen. Diese Mikrofone werden an Ihrer Kleidung befestigt und verfügen über einen eingebauten Lautsprecher, sodass Sie hören und sprechen können, ohne das Radio halten zu müssen. Sie sind besonders nützlich für Profis wie Sicherheitspersonal, Veranstaltungskoordinatoren und Outdoor-Enthusiasten. Das Baofeng-Lautsprechermikrofon ist eine beliebte Option, da es einen klaren Ton und einfachen Zugriff auf die PTT-Taste bietet.

Ein Programmierkabel ist unerlässlich für alle, die ihre Baofeng-Radios individuell anpassen möchten. Dieses Kabel verbindet Ihr Radio mit einem Computer und ermöglicht Ihnen die Software zur Programmierung von Frequenzen, Kanälen und Einstellungen. Mit Software wie CHIRP können Sie Ihr Radio schnell und einfach einrichten, Konfigurationen speichern und bei Bedarf Anpassungen vornehmen. Dies ist wesentlich effizienter als die manuelle Eingabe von Informationen über die Tastatur des Funkgeräts, insbesondere wenn Sie mehrere Funkgeräte konfigurieren müssen.

Ein Hochleistungsakku ist ein weiteres Zubehör, das Ihr Baofeng-Radioerlebnis verbessern kann. Der Standardakku ist für den allgemeinen Gebrauch ausreichend, ein größerer Akku kann jedoch längere Betriebszeiten ermöglichen, was bei längeren Aktivitäten oder Notfällen von entscheidender Bedeutung ist. Diese Batterien sind so konzipiert, dass sie genau wie die Standardbatterien in das Radio passen, bieten jedoch mehr Leistung, sodass kein häufiges Aufladen erforderlich ist. Durch das Mitführen eines zusätzlichen Akkus ist sichergestellt, dass Sie immer über eine Notstromquelle verfügen und immer in Verbindung bleiben, wenn Sie diese am meisten benötigen.

Ein Tischladegerät ist ein praktisches Zubehör, um Ihr Baofeng-Radio aufgeladen und betriebsbereit zu halten. Während das Radio normalerweise mit einem einfachen Ladegerät geliefert wird, kann ein Tischladegerät das Radio effizienter aufladen und verfügt häufig über Steckplätze zum Laden zusätzlicher Akkus. Dies ist besonders nützlich, wenn Sie mehrere Funkgeräte oder zusätzliche Akkus haben, die gleichzeitig aufgeladen werden müssen. Das Tischladegerät bietet außerdem einen stabilen Ort zum Aufbewahren Ihres Radios, wenn es nicht verwendet wird.

Eine robuste Tragetasche kann Ihr Baofeng-Radio und sein Zubehör schützen. Diese Koffer sind so konzipiert, dass sie das Radio, die Antenne, den Akku und andere Kleinteile unterbringen und alles organisiert und sicher aufbewahren. Eine Tragetasche ist besonders nützlich, wenn Sie reisen oder Ihr Radio über einen längeren Zeitraum aufbewahren. Es schützt die Ausrüstung vor Staub, Feuchtigkeit und physischen Schäden und stellt sicher, dass Ihr Radio in gutem Betriebszustand bleibt.

Für Nutzer, die viel Zeit in ihrem Fahrzeug verbringen, ist ein Autoladegerät ein praktisches Zubehör. Damit können Sie Ihr Baofeng-Radio direkt an der Steckdose Ihres Fahrzeugs aufladen. Dies ist besonders nützlich auf langen Reisen oder wenn Sie unterwegs sind und Ihr Radio betriebsbereit halten müssen. Mit einem Autoladegerät stellen Sie sicher, dass Ihr Radio immer aufgeladen und einsatzbereit ist, egal wo Sie sich befinden.

Ein Handmikrofon mit Lautsprecher ist ein weiteres nützliches Zubehör für diejenigen, die klar und effektiv kommunizieren müssen. Diese Mikrofone verfügen häufig über zusätzliche Funktionen wie die Geräuschunterdrückungstechnologie, die die Audioqualität durch Reduzierung von Hintergrundgeräuschen verbessert. Sie bieten außerdem den Vorteil, dass sich der Lautsprecher näher an Ihrem Ohr befindet, sodass Sie Nachrichten in lauten Umgebungen leichter hören können.

Eine Schutzhülle oder Schutzhülle kann dabei helfen, Ihr Radio in gutem Zustand zu halten. Diese Hüllen sind so konzipiert, dass sie genau um das Radio passen und Schutz vor Kratzern, Stößen und kleineren Stürzen bieten. Einige Hüllen sind außerdem wasserabweisend und bieten so zusätzlichen Schutz bei Nässe. Die Verwendung einer Schutzhülle kann die Lebensdauer Ihres Radios verlängern und es wie neu aussehen lassen.

Eine taktische Tasche oder ein Holster ist ein tolles Zubehör für diejenigen, die ihr Funkgerät tragen und gleichzeitig die Hände frei haben müssen. Diese Taschen lassen sich an Gürteln, Rucksäcken oder anderen Ausrüstungsgegenständen befestigen und ermöglichen bei Bedarf einen einfachen Zugriff auf das Funkgerät. Sie sind besonders nützlich für Wanderer, Camper und Berufstätige, die sich fortbewegen und gleichzeitig in Verbindung bleiben müssen.

Durch die Investition in dieses unverzichtbare Zubehör können Sie die Benutzerfreundlichkeit und Funktionalität Ihres Baofeng-Radios verbessern und es zu einem effektiveren und bequemeren Kommunikationsmittel in verschiedenen Situationen machen.

KAPITEL 2

Grundfunktionen beherrschen

Frequenz verstehen: VHF vs. UHF

Bei der Verwendung von Baofeng-Funkgeräten ist es wichtig, den Unterschied zwischen VHF (Very High Frequency) und UHF (Ultra High Frequency) zu verstehen. Beide Frequenzbereiche weisen unterschiedliche Eigenschaften auf, die sie für unterschiedliche Anwendungen geeignet machen. Wenn Sie diese Unterschiede kennen, können Sie die richtige Frequenz für Ihre Bedürfnisse auswählen.

Die UKW-Frequenzen reichen von 30 MHz bis 300 MHz. Sie sind bekannt für ihre Fähigkeit, große Distanzen zurückzulegen und Hindernisse wie Bäume und Gebäude besser zu durchdringen als

UHF. Damit eignet sich UKW ideal für den Einsatz im Freien, beispielsweise in ländlichen Gebieten, offenen Feldern und Wäldern. Da UKW-Wellen länger sind, können sie große Hindernisse umgehen und der Krümmung der Erde folgen. Aus diesem Grund wird UKW häufig in der Luftfahrt, in der Schiffskommunikation und bei Outdoor-Enthusiasten wie Wanderern und Campern verwendet.

Einer der Hauptvorteile von UKW ist seine Reichweite. In offenen Umgebungen mit minimalen Hindernissen können UKW-Signale sehr weit reichen, manchmal bis zu mehreren Meilen. Dies macht UKW zu einer ausgezeichneten Wahl für Aktivitäten, die eine Kommunikation über große Entfernungen erfordern, wie zum Beispiel Bootsfahrten und Offroad-Abenteuer. Darüber hinaus sind VHF-Frequenzen weniger überfüllt als UHF-Frequenzen, wodurch die Wahrscheinlichkeit von Störungen durch andere Benutzer verringert wird.

Allerdings gibt es bei UKW einige Einschränkungen. Seine Leistung kann in städtischen Umgebungen, in denen häufig Gebäude und andere Strukturen vorkommen, erheblich reduziert werden. UKW-Signale können dichte Materialien wie Beton und Stahl nur schwer durchdringen, was in Städten zu schwächeren Signalen und einer verringerten Reichweite führt. Aus diesem Grund ist VHF im Vergleich zu UHF im städtischen Bereich weniger beliebt.

Andererseits reichen die UHF-Frequenzen von 300 MHz bis 3 GHz. UHF-Signale eignen sich besser für die Kommunikation über kurze Entfernungen und können Gebäude, Wände und andere Hindernisse effektiver durchdringen als VHF. Dadurch eignet sich UHF ideal für den Einsatz in städtischen Gebieten, innerhalb von Gebäuden und in Situationen, in denen Sie eine zuverlässige Kommunikation über verschiedene Barrieren hinweg benötigen. UHF wird häufig in der öffentlichen Sicherheitskommunikation, im Geschäftsbetrieb und von professionellen Benutzern verwendet, die zuverlässige Leistung in dichten Umgebungen benötigen.

Die Fähigkeit von UHF, Hindernisse zu durchdringen, macht es zu einer besseren Wahl für den Innenbereich. Wenn Sie beispielsweise ein Baofeng-Radio in einem großen Gebäude, Lager oder einer Fabrik verwenden, sorgen UHF-Frequenzen für eine klarere und zuverlässigere Kommunikation. UHF wird auch für die Veranstaltungskoordination, Sicherheitseinsätze und andere Aktivitäten bevorzugt, die in Gebieten mit vielen Hindernissen stattfinden.

Trotz seiner Vorteile hat UHF in offenen Umgebungen eine kürzere Reichweite als VHF. UHF-Signale sind anfälliger für Dämpfung, was bedeutet, dass sie mit zunehmender Entfernung und beim Passieren von Hindernissen schneller an Stärke verlieren. Dies kann in Außenumgebungen, in denen eine Kommunikation über große Entfernungen erforderlich ist, ein Nachteil sein. Darüber hinaus sind die UHF-Frequenzen stärker ausgelastet, was insbesondere in besiedelten Gebieten zu stärkeren Störungen durch andere Benutzer führen kann.

Berücksichtigen Sie bei der Wahl zwischen VHF und UHF die spezifischen Anforderungen Ihrer Situation. Wenn Sie Kommunikation über große Entfernungen in offenen Bereichen mit minimalen Hindernissen benötigen, ist UKW wahrscheinlich die bessere Wahl. Seine Fähigkeit, weiter zu fahren und große Hindernisse zu umgehen, macht es ideal für den Einsatz im Freien. Wenn Sie jedoch eine zuverlässige Kommunikation in städtischen Umgebungen, innerhalb von Gebäuden oder in Bereichen mit vielen Hindernissen benötigen, bietet UHF die bessere Leistung. Seine Fähigkeit, Wände und andere Barrieren zu durchdringen, sorgt unter solchen Bedingungen für eine klarere Kommunikation.

Viele Baofeng-Radios sind Dualband-Funkgeräte, das heißt, sie können sowohl auf VHF- als auch auf UHF-Frequenzen betrieben werden. Diese Vielseitigkeit ermöglicht es Ihnen, je nach Bedarf zwischen den Bändern zu wechseln. Wenn Sie beispielsweise in den Bergen wandern, können Sie VHF wegen seiner Langstreckenfähigkeiten nutzen. Wenn Sie jedoch eine Veranstaltung in einer Stadt koordinieren, können Sie für eine bessere Leistung in einer städtischen Umgebung auf UHF umsteigen. Diese Flexibilität macht Dualband-Funkgeräte zu einem wertvollen Werkzeug für verschiedene Szenarien.

Zusammenfassend lässt sich sagen, dass VHF- und UHF-Frequenzen jeweils ihre eigenen Stärken und Schwächen haben. VHF eignet sich am besten für die Fernkommunikation in offenen Bereichen mit minimalen Hindernissen, während UHF sich für die Kommunikation über kurze Distanzen in Umgebungen mit vielen Hindernissen eignet. Wenn

Sie diese Unterschiede verstehen und Ihre spezifischen Bedürfnisse berücksichtigen, können Sie eine fundierte Entscheidung darüber treffen, welche Frequenz Sie mit Ihrem Baofeng-Radio verwenden möchten. Dieses Wissen hilft Ihnen, die Leistung und Zuverlässigkeit Ihres Funkgeräts in jeder Situation zu maximieren.

Kanäle manuell programmieren

Das manuelle Programmieren von Kanälen in Ihr Baofeng-Radio ist ein unkomplizierter Vorgang, sobald Sie die Schritte verstanden haben. Dadurch können Sie bestimmte Frequenzen und Kanalnamen festlegen und so das Radio an Ihre Kommunikationsanforderungen anpassen. Hier finden Sie eine klare Anleitung, die Ihnen bei diesem Prozess hilft.

Stellen Sie zunächst sicher, dass Ihr Baofeng-Radio eingeschaltet und vollständig aufgeladen ist. Zur Eingabe von Informationen verwenden Sie die Tastatur und den Bildschirm. Wechseln Sie zunächst in den Frequenzmodus, in dem Sie die gewünschte Frequenz direkt eingeben können. Sie können dies tun, indem Sie die „VFO/MR"-Taste drücken, die sich normalerweise an der Vorderseite des Radios befindet.

Im Frequenzmodus können Sie die Frequenz eingeben, die Sie programmieren möchten. Geben Sie die Frequenz direkt über die Tastatur ein. Wenn Sie beispielsweise die Frequenz auf 146,520 MHz einstellen möchten, drücken Sie einfach nacheinander die Tasten 1, 4, 6, 5, 2 und 0. Das Display sollte die Frequenz anzeigen, während Sie sie eingeben. Stellen Sie sicher, dass Sie die richtige Frequenz eingeben, da diese die Grundlage für die Kommunikation auf diesem Kanal darstellt.

Als nächstes müssen Sie die entsprechenden Sende- (TX) und Empfangsfrequenzen (RX) einstellen, wenn Sie einen Repeater verwenden. Repeater nutzen zwei unterschiedliche Frequenzen zum Senden und Empfangen von Signalen. Geben Sie dazu zunächst im Frequenzmodus die Empfangsfrequenz (RX) ein. Drücken Sie anschließend die Taste „MENU", um auf die Menüoptionen zuzugreifen. Scrollen Sie mit den Pfeiltasten durch das Menü, bis Sie die Option „OFFSET" finden, die den Frequenzunterschied (Offset) zwischen den TX- und RX-Frequenzen einstellt.

Sobald Sie die Option „OFFSET" gefunden haben, drücken Sie erneut die Taste „MENU", um sie auszuwählen. Geben Sie über die Tastatur den Offset-Wert ein, z. B. 0,600 für einen Offset von 600 kHz. Nachdem Sie den Offset eingegeben haben, drücken Sie zur Bestätigung erneut „MENU". Suchen Sie als Nächstes im Menü die Option „SHIFT" oder „SFT-D", die die Richtung des Versatzes (positiv oder negativ) bestimmt. Stellen Sie dies je nach den Anforderungen des Repeaters entweder auf „+" oder „-" ein und bestätigen Sie Ihre Auswahl dann durch Drücken von „MENU".

Nachdem Sie die Frequenzen eingestellt haben, ist es an der Zeit, den Kanal im Speicher des Radios zu speichern. Drücken Sie die Taste „MENU" und scrollen Sie zur Option „MEM-CH" (Speicherkanal). Wählen Sie es aus, indem Sie erneut auf „MENU" drücken. Wählen Sie mit den Pfeiltasten einen Speicherplatz aus, auf dem Sie den Sender speichern möchten. Jeder Steckplatz ist nummeriert und Sie können jeden verfügbaren Steckplatz auswählen. Sobald Sie einen Slot ausgewählt haben, drücken Sie „MENU", um die Frequenz für diesen Kanal zu bestätigen und zu speichern.

Um den Kanal zu benennen, müssen Sie auf die Menüoption für Kanalnamen zugreifen. Dies könnte als „CH-NAME" oder ähnlich gekennzeichnet sein. Rufen Sie diese Menüoption auf und geben Sie über die Tastatur den Namen des Kanals ein. Die Eingabe von Buchstaben unterscheidet sich geringfügig je nach Modell Ihres Baofeng-Radios.

Im Allgemeinen verwenden Sie jedoch die Zifferntasten, um durch die Buchstaben zu blättern. Wenn Sie beispielsweise wiederholt die Zifferntaste 2 drücken, werden A, B, C und 2 durchlaufen. Sobald Sie den gewünschten Namen eingegeben haben, bestätigen Sie ihn durch Drücken von „MENU".

Wenn Ihr Funkmodell dies unterstützt, können Sie auch zusätzliche Parameter für den Kanal einstellen, wie zum Beispiel CTCSS (Continuous Tone-Coded Squelch System) oder DCS (Digital-Coded Squelch). Diese Einstellungen helfen dabei, unerwünschte Übertragungen herauszufiltern, indem nur Signale mit dem richtigen Ton oder Code gehört werden können. Um CTCSS oder DCS einzustellen, greifen Sie auf die entsprechenden Menüoptionen zu (normalerweise mit „T-CTCS" für CTCSS senden und „R-CTCS" für CTCSS empfangen) und wählen Sie über die Tastatur den gewünschten Ton oder Code aus. Bestätigen Sie Ihre Auswahl, indem Sie auf „MENU" drücken.

Abschließend verlassen Sie das Menü durch Drücken der „EXIT"- oder „VFO/MR"-Taste. Ihr Kanal ist jetzt programmiert und im Speicher des Radios gespeichert. Um es zu testen, wechseln Sie durch erneutes Drücken der „VFO/MR"-Taste in den Speichermodus und navigieren Sie mit den Pfeiltasten zu dem gerade programmierten Kanal. Auf dem Bildschirm sollten die Frequenz und der Kanalname angezeigt werden.

Wiederholen Sie diese Schritte für alle weiteren Kanäle, die Sie programmieren möchten. Wenn Sie diesen Prozess verstehen und befolgen, können Sie Ihr Baofeng-Radio an Ihre spezifischen Kommunikationsanforderungen anpassen und so sicherstellen, dass Sie schnellen Zugriff auf die Frequenzen und Kanäle haben, die für Sie am wichtigsten sind.

Verwendung von Repeater-Kanälen für eine größere Reichweite

Repeater-Kanäle sind spezielle Kommunikationskanäle, die zur Erweiterung der Reichweite Ihres Baofeng-Radios verwendet werden. Repeater sind leistungsstarke Funksysteme, die ein Signal auf einer Frequenz empfangen und es dann auf einer anderen Frequenz weitersenden und so eine Kommunikation über deutlich größere Entfernungen ermöglichen, als dies mit einfacher Punkt-zu-Punkt-Kommunikation möglich wäre. Das Einrichten von Repeater-Kanälen auf Ihrem Baofeng-Radio erfordert die korrekte Programmierung sowohl der Empfangs- (RX) als auch der Sendefrequenzen (TX) sowie aller erforderlichen Zugriffstöne oder Codes.

Um zu verstehen, wie Repeater funktionieren, stellen Sie sie sich als Relaisstationen vor. Wenn Sie ein Signal von Ihrem Funkgerät senden, nimmt der Repeater es auf und sendet es auf einer anderen

Frequenz weiter. Diese Weiterübertragung erfolgt in der Regel von einem hochgelegenen Ort wie einem Hügel, einem hohen Gebäude oder einem speziellen Kommunikationsturm aus, wodurch das Signal einen größeren Bereich abdecken kann. Dieser Prozess umgeht effektiv Hindernisse und erweitert die Kommunikationsreichweite erheblich.

Um einen Repeater-Kanal auf Ihrem Baofeng-Radio einzurichten, identifizieren Sie zunächst die erforderlichen Repeater-Frequenzen und -Einstellungen. Sie benötigen die RX-Frequenz (die Frequenz, auf der der Repeater hört) und die TX-Frequenz (die Frequenz, auf der der Repeater sendet). Diese Frequenzen sind häufig in Repeater-Verzeichnissen aufgeführt, die Sie online oder über lokale Radioclubs finden können.

Sobald Sie die erforderlichen Informationen haben, schalten Sie Ihr Baofeng-Radio ein und wechseln Sie in den Frequenzmodus, indem Sie die Taste „VFO/MR" drücken. In diesem Modus können Sie die Frequenzen manuell eingeben. Beginnen Sie mit der Eingabe der RX-Frequenz. Geben Sie die Frequenz direkt über die Tastatur ein. Wenn die Empfangsfrequenz beispielsweise 145,250 MHz beträgt, drücken Sie nacheinander die Tasten 1, 4, 5, 2, 5 und 0. Das Display sollte die Frequenz anzeigen, während Sie sie eingeben.

Als nächstes müssen Sie den Offset einstellen, also den Frequenzunterschied zwischen den RX- und TX-Frequenzen. Dieser Unterschied wird als Repeater-Verschiebung oder Offset bezeichnet. Übliche Offsetwerte sind ±600 kHz für VHF und ±5 MHz für UHF. Um den Offset einzustellen, drücken Sie die Taste „MENU", um auf die Menüoptionen zuzugreifen, und scrollen Sie dann mit den Pfeiltasten durch das Menü, bis Sie die Option „OFFSET" finden.

Wählen Sie die Option „OFFSET", indem Sie erneut „MENU" drücken. Geben Sie den Versatzwert über die Tastatur ein. Wenn der Offset beispielsweise 600 kHz beträgt, geben Sie 0,600 ein. Nach Eingabe des Offsets bestätigen Sie mit „MENU". Suchen Sie als Nächstes im Menü die Option „SHIFT" oder „SFT-D". Diese Einstellung bestimmt, ob der Offset positiv oder negativ ist und gibt an, ob die TX-Frequenz höher oder niedriger als die RX-Frequenz ist.

Wählen Sie die Option „SHIFT" und verwenden Sie die Pfeiltasten, um basierend auf den Spezifikationen des Repeaters entweder „+" oder „-" auszuwählen. Bestätigen Sie Ihre Auswahl, indem Sie auf „MENU" drücken. Jetzt ist Ihr Radio so eingestellt, dass es die richtigen RX- und TX-Frequenzen mit dem entsprechenden Offset verwendet.

Zusätzlich zur Einstellung der Frequenzen und des Offsets benötigen einige Repeater einen Zugriffston, z. B. CTCSS (Continuous Tone-Coded Squelch System) oder DCS (Digital-Coded Squelch), um den Zugriff zu ermöglichen. Diese

Töne verhindern den Zugriff unbefugter Benutzer auf den Repeater und reduzieren Störungen. Um einen CTCSS- oder DCS-Ton einzustellen, drücken Sie die Taste „MENU" und scrollen Sie durch die Optionen, bis Sie „T-CTCS" für Sende-CTCSS oder „R-CTCS" für Empfangs-CTCSS finden.

Wählen Sie die Option „T-CTCS" durch Drücken von „MENU" und wählen Sie dann mit den Pfeiltasten die richtige Tonfrequenz aus. Nachdem Sie den Ton ausgewählt haben, drücken Sie zur Bestätigung „MENU". Wiederholen Sie diesen Vorgang bei Bedarf für die Option „R-CTCS". Wenn der Repeater stattdessen DCS verwendet, suchen Sie im Menü nach „T-DCS" und „R-DCS" und befolgen Sie die gleichen Schritte, um den richtigen Code einzustellen.

Sobald alle Einstellungen konfiguriert sind, müssen Sie den Repeater-Kanal im Speicher des Radios speichern. Drücken Sie die Taste „MENU" und navigieren Sie zur Option „MEM-CH"

(Speicherkanal). Wählen Sie es aus, indem Sie erneut auf „MENU" drücken. Wählen Sie mit den Pfeiltasten einen verfügbaren Speicherplatz zum Speichern des Kanals aus. Jeder Steckplatz ist nummeriert und Sie können jeden nicht verwendeten Steckplatz auswählen. Drücken Sie „MENU", um die Frequenz, den Offset und die Töne für diesen Kanal zu bestätigen und zu speichern.

Um den Kanal mit einem Namen zu versehen, finden Sie im Menü die Option „CH-NAME". Rufen Sie dieses Menü auf und geben Sie den Namen über die Tastatur ein. Jede Zifferntaste blättert durch die Buchstaben; Durch wiederholtes Drücken der Zifferntaste 2 werden beispielsweise A, B, C und 2 durchlaufen. Geben Sie den gewünschten Namen ein und bestätigen Sie mit „MENU".

Jetzt ist Ihr Repeater-Kanal programmiert und gespeichert. Um es zu testen, wechseln Sie durch

Drücken der „VFO/MR"-Taste in den Speichermodus und navigieren Sie mit den Pfeiltasten zu dem gerade programmierten Kanal. Stellen Sie sicher, dass auf dem Display die richtige Frequenz und der richtige Name angezeigt werden. Drücken Sie die PTT-Taste (Push-To-Talk) und sprechen Sie in das Funkgerät. Wenn alles richtig eingerichtet ist, empfängt der Repeater Ihr Signal und sendet es weiter, wodurch Ihre Kommunikationsreichweite erweitert wird.

Durch die Einrichtung von Repeater-Kanälen können Sie über viel größere Entfernungen kommunizieren, wodurch Ihr Baofeng-Funkgerät in einer größeren Bandbreite von Situationen effektiver wird. Ganz gleich, ob Sie eine Veranstaltung koordinieren, an Outdoor-Aktivitäten teilnehmen oder sich auf Notfälle vorbereiten: Das Verstehen und Verwenden von Repeatern kann Ihre Kommunikationsfähigkeiten erheblich verbessern.

Scannen und Überwachen mehrerer Kanäle

Mit der Scanfunktion Ihres Baofeng-Radios können Sie mehrere Kanäle gleichzeitig überwachen und so einfacher über Aktivitäten auf verschiedenen Frequenzen informiert bleiben. Dies kann besonders in verschiedenen Szenarien wie der Notfallvorsorge, der Ereigniskoordination oder der allgemeinen Kommunikationsüberwachung nützlich sein. Hier finden Sie eine umfassende Anleitung zur Verwendung der Scanfunktion und Tipps für effektives Scannen.

Stellen Sie zunächst sicher, dass Ihr Baofeng-Radio eingeschaltet und vollständig aufgeladen ist. Das Scannen funktioniert sowohl im Frequenzmodus als auch im Kanalmodus, ist jedoch normalerweise im Kanalmodus nützlicher, in dem Sie vordefinierte Kanäle im Speicher des Radios gespeichert haben. Um in den Kanalmodus zu wechseln, drücken Sie die Taste „VFO/MR".

Im Kanalmodus können Sie den Scanvorgang starten, indem Sie die „SCAN"-Taste (normalerweise mit einem „S" oder einem ähnlichen Symbol gekennzeichnet) gedrückt halten. Das Radio beginnt mit dem Scannen der in seinem Speicher gespeicherten Kanäle und hält bei jedem Kanal an, bei dem es ein Signal erkennt. Dadurch können Sie aktive Gespräche oder Übertragungen mithören.

Um die Scanfunktion effektiv nutzen zu können, ist es wichtig, Ihre Kanäle logisch zu organisieren. Gruppieren Sie ähnliche Kanäle, beispielsweise solche, die für bestimmte Ereignisse, Notfallfrequenzen oder allgemeine Kommunikation verwendet werden. Dadurch ist es einfacher, relevante Kanäle zu überwachen und schnell auf jede Aktivität zu reagieren.

Während des Suchlaufs pausiert das Radio einige Sekunden lang auf einem aktiven Kanal. Wenn das

Signal anhält, bleibt es auf diesem Kanal, bis die Übertragung endet oder eine eingestellte Verzögerungszeit abläuft. Diese Verzögerungszeit kann normalerweise im Einstellungsmenü des Radios angepasst werden. Um die Verzögerungszeit zu ändern, drücken Sie die Taste „MENU" und scrollen Sie durch die Optionen, bis Sie die Einstellung für „SCAN-D" (Scan-Verzögerung) finden. Passen Sie die Verzögerungszeit mit den Pfeiltasten an und bestätigen Sie durch erneutes Drücken von „MENU". Eine längere Verzögerungszeit ermöglicht es Ihnen, längere Übertragungen anzuhören, ohne dass der Scan zu schnell fortschreitet.

Wenn Sie etwas Wichtiges hören und den Scan auf einem bestimmten Kanal stoppen möchten, können Sie die „SCAN"-Taste erneut drücken oder die PTT-Taste (Push-To-Talk) drücken, um den Scan manuell zu stoppen. Dies ermöglicht Ihnen, sich an der Kommunikation zu beteiligen oder der laufenden Übertragung genauer zuzuhören.

Für eine effektive Suche sollten Sie die Funktion „Überspringen" verwenden, um bestimmte Kanäle aus der Suchliste auszuschließen. Dies ist nützlich, wenn Sie Kanäle haben, die ständig mit nicht unbedingt erforderlichem Datenverkehr ausgelastet sind, oder wenn Sie Kanäle haben, die Sie nicht überwachen müssen. Um einen Kanal zu überspringen, wählen Sie zunächst den Kanal aus, den Sie ausschließen möchten. Drücken Sie dann die Taste „MENU" und navigieren Sie zur Option „CH-SKIP". Wählen Sie mit den Pfeiltasten „EIN" aus und bestätigen Sie mit „MENU". Dadurch wird der Kanal aus der Scanliste entfernt, was Ihren Scanvorgang effizienter macht.

Eine weitere nützliche Funktion ist die Prioritätssuche, mit der Sie einen Prioritätskanal häufiger überwachen können als andere Kanäle. Dies ist von Vorteil, wenn Sie einen Hauptkanal haben, den Sie ständig überwachen müssen, während Sie gleichzeitig andere Kanäle scannen müssen. Informationen zum Einrichten des Prioritätsscans finden Sie im Handbuch Ihres Radios, da der Vorgang je nach Baofeng-Modell unterschiedlich sein kann. Im Allgemeinen legen Sie im Einstellungsmenü einen Prioritätskanal fest und aktivieren den Prioritätsscan. Das Radio überprüft dann in regelmäßigen Abständen den Prioritätskanal, während es andere Kanäle durchsucht.

Beim Scannen mehrerer Kanäle kann die Verwendung des Dual-Watch-Modus besonders hilfreich sein. Im Dual-Watch-Modus kann das Radio zwei Kanäle gleichzeitig überwachen. Um den Dual-Watch-Modus zu aktivieren, drücken Sie die Taste „MENU" und navigieren Sie zur Option „TDR" (Dual-Watch). Stellen Sie diese Option auf „EIN" und bestätigen Sie mit „MENU". Wenn der Dual-Watch-Modus aktiviert ist, können Sie zwei verschiedene Frequenzen oder Kanäle zur Überwachung festlegen, und das Funkgerät wechselt bei Aktivität zwischen ihnen.

Um eine effektive Suche zu gewährleisten, halten Sie die Antenne Ihres Funkgeräts in gutem Zustand und stellen Sie sicher, dass sie für die von Ihnen überwachten Frequenzen geeignet ist. Eine hochwertige Antenne kann den Empfang verbessern, wodurch es einfacher wird, schwache Signale zu empfangen und die Reichweite Ihres Radios zu vergrößern. Wenn Sie in einem Bereich mit vielen Störungen scannen, sollten Sie einen Filter verwenden oder die Squelch-Einstellungen anpassen, um Hintergrundgeräusche zu reduzieren. Die Squelch-Einstellung steuert die Empfindlichkeit des Funkgeräts gegenüber schwachen Signalen. Um die Rauschsperre anzupassen, drücken Sie die Taste „MENU" und suchen Sie die Option „SQL". Niedrigere Werte machen das Radio empfindlicher, während höhere Werte die Empfindlichkeit gegenüber Hintergrundgeräuschen verringern.

Es ist auch wichtig, sich über etwaige gesetzliche Beschränkungen oder Vorschriften bezüglich der

Nutzung bestimmter Frequenzen im Klaren zu sein. Stellen Sie sicher, dass Sie über die erforderlichen Berechtigungen zur Überwachung bestimmter Kanäle verfügen, insbesondere wenn diese von Rettungsdiensten oder anderen kritischen Kommunikationskanälen verwendet werden.

Wenn Sie diese Schritte und Tipps befolgen, können Sie die Scanfunktion Ihres Baofeng-Radios effektiv nutzen, um mehrere Kanäle gleichzeitig zu überwachen. Dies verbessert Ihre Fähigkeit, informiert zu bleiben und bei Bedarf auf Kommunikation zu reagieren, wodurch Ihr Funkgerät zu einem vielseitigeren und leistungsfähigeren Werkzeug für verschiedene Anwendungen wird.

KAPITEL 3

Erweiterte Programmierung und Anpassung

Verwendung der Chirp-Software zum Programmieren

Die Chirp-Software ist ein leistungsstarkes Tool, das die Programmierung und Anpassung von Baofeng-Funkgeräten vereinfacht. Es ermöglicht Benutzern die einfache Verwaltung von Kanälen, Frequenzen und anderen Einstellungen von ihrem Computer aus, was den Prozess effizienter macht als die manuelle Programmierung. Hier finden Sie eine umfassende Anleitung zur Verwendung der Chirp-Software zum Programmieren und Anpassen Ihres Baofeng-Radios.

Zunächst müssen Sie die Chirp-Software herunterladen und auf Ihrem Computer installieren.

Chirp ist ein kostenloses Open-Source-Programm, das für Windows, macOS und Linux verfügbar ist. Besuchen Sie zunächst die offizielle Chirp-Website (chirp.danplanet.com), um die neueste Version herunterzuladen. Klicken Sie auf der Website auf den Download-Link für Ihr Betriebssystem. Sobald der Download abgeschlossen ist, öffnen Sie die Installationsdatei und befolgen Sie die Anweisungen auf dem Bildschirm, um die Software zu installieren. Der Installationsvorgang ist unkompliziert und sollte innerhalb weniger Minuten abgeschlossen sein.

Nach der Installation von Chirp benötigen Sie ein Programmierkabel, um Ihr Baofeng-Radio mit Ihrem Computer zu verbinden. Dieses Kabel hat normalerweise einen USB-Stecker an einem Ende und einen zweipoligen Stecker am anderen Ende, der an das Radio angeschlossen wird. Diese Kabel sind online weit verbreitet und werden oft mit einem Baofeng-Radiopaket geliefert. Verbinden Sie das Kabel mit dem USB-Anschluss Ihres

Computers und stecken Sie den zweipoligen Stecker in die Lautsprecher- und Mikrofonanschlüsse des Radios.

Bevor Sie mit der Programmierung beginnen können, müssen Sie ggf. den passenden Treiber für das Programmierkabel installieren. Windows-Benutzer finden die erforderlichen Treiber normalerweise im Lieferumfang des Kabels oder auf der Website des Herstellers. Für macOS- und Linux-Benutzer sind die Treiber oft im Betriebssystem enthalten. Sobald der Treiber installiert ist, sollte Ihr Computer das Programmierkabel erkennen.

Schalten Sie als Nächstes Ihr Baofeng-Radio ein und öffnen Sie die Chirp-Software auf Ihrem Computer. Gehen Sie in Chirp zum Menü „Radio" und wählen Sie „Von Radio herunterladen". Es erscheint ein Dialogfeld, in dem Sie aufgefordert werden, die entsprechenden Einstellungen für Ihr Radio auszuwählen. Wählen Sie Marke und Modell

Ihres Radios aus den Dropdown-Menüs und wählen Sie den richtigen COM-Port aus. Der COM-Port ist der Anschlusspunkt für das Programmierkabel und Sie finden ihn im Gerätemanager oder in den Systemeinstellungen Ihres Computers.

Nachdem Sie die richtigen Einstellungen ausgewählt haben, klicken Sie auf „OK", um fortzufahren. Chirp beginnt mit dem Herunterladen der aktuellen Konfiguration von Ihrem Radio. Dieser Vorgang kann einige Augenblicke dauern und Sie sehen einen Fortschrittsbalken, der den Status anzeigt. Sobald der Download abgeschlossen ist, zeigt Chirp eine tabellenähnliche Oberfläche mit den aktuellen Kanälen und Einstellungen Ihres Radios an.

Sie können jetzt damit beginnen, die Einstellungen Ihres Radios anzupassen. Um einen neuen Kanal hinzuzufügen, klicken Sie auf eine leere Zeile in der Tabelle und geben Sie die gewünschte Frequenz, den Namen und andere Parameter ein. Sie können beispielsweise die RX-Frequenz, die TX-Frequenz (bei Verwendung eines Repeaters), den Kanalnamen, CTCSS/DCS-Töne und andere Einstellungen festlegen. Chirp ermöglicht Ihnen das einfache Kopieren und Einfügen von Kanaleinstellungen und erleichtert so die Verwaltung mehrerer Kanäle.

Wenn Sie eine Liste mit Frequenzen haben, die Sie programmieren möchten, können Sie diese in Chirp importieren. Gehen Sie zum Menü „Datei" und wählen Sie „Importieren". Chirp unterstützt den Import aus verschiedenen Formaten, einschließlich CSV-Dateien (durch Kommas getrennte Werte). Diese Funktion ist besonders nützlich, wenn Sie eine große Anzahl von Kanälen programmieren müssen, da Sie die Liste in einer Tabellenkalkulationsanwendung wie Excel vorbereiten und sie dann in Chirp importieren können.

Neben dem Hinzufügen und Bearbeiten von Kanälen können Sie mit Chirp auch andere Radioeinstellungen anpassen. Sie können beispielsweise die Ausgangsleistung, die Squelch-Pegel und die Anzeigeeinstellungen anpassen. Auf diese Optionen kann über die Einstellungsregisterkarten in Chirp zugegriffen werden, und Sie können sie an Ihre Vorlieben anpassen.

Sobald Sie alle gewünschten Änderungen vorgenommen haben, ist es an der Zeit, die neue Konfiguration auf Ihr Radio hochzuladen. Gehen Sie zum Menü „Radio" und wählen Sie „Auf Radio hochladen". Chirp fordert Sie auf, die Einstellungen für Ihr Radio und den COM-Port zu bestätigen. Klicken Sie nach der Bestätigung auf „OK", um den Upload-Vorgang zu starten. Chirp überträgt die neuen Einstellungen auf Ihr Radio und Sie sehen einen Fortschrittsbalken, der den Status anzeigt. Dieser Vorgang kann einige Augenblicke dauern.

Nachdem der Upload abgeschlossen ist, verfügt Ihr Baofeng-Radio über die neuen Kanäle und Einstellungen, die Sie mit Chirp programmiert haben. Es empfiehlt sich, das Radio zu testen, um sicherzustellen, dass alles ordnungsgemäß funktioniert. Stellen Sie einen der neu programmierten Kanäle ein und prüfen Sie, ob das Radio wie erwartet Signale sendet und empfängt.

Die Verwendung der Chirp-Software vereinfacht nicht nur den Programmiervorgang, sondern bietet auch eine Sicherung der Konfiguration Ihres Funkgeräts. Sie können die Einstellungen Ihres Radios als Chirp-Datei auf Ihrem Computer speichern und sie bei Bedarf problemlos wiederherstellen. Um Ihre Konfiguration zu speichern, gehen Sie zum Menü „Datei" und wählen Sie „Speichern unter". Wählen Sie einen Speicherort auf Ihrem Computer und speichern Sie die Datei unter einem aussagekräftigen Namen.

Wenn Sie Ihr Radio in Zukunft neu programmieren oder die Einstellungen aktualisieren müssen, können Sie die gespeicherte Chirp-Datei öffnen, alle erforderlichen Änderungen vornehmen und die aktualisierte Konfiguration auf Ihr Radio hochladen. Diese Funktion ist besonders nützlich für die Verwaltung mehrerer Funkgeräte oder für häufig wechselnde Frequenzen.

Zusammenfassend ist die Chirp-Software ein wertvolles Werkzeug zum Programmieren und Anpassen von Baofeng-Radios. Wenn Sie diese Schritte befolgen, können Sie Chirp herunterladen, installieren und verwenden, um die Einstellungen Ihres Radios effizient zu verwalten. Dieser Vorgang spart nicht nur Zeit, sondern stellt auch sicher, dass Ihr Funkgerät genau auf Ihre Kommunikationsanforderungen konfiguriert ist.

Erstellen und Verwalten von Senderlisten

Das Erstellen und Verwalten von Kanallisten auf Ihrem Baofeng-Radio kann sowohl mit manuellen Methoden als auch mit der Chirp-Software erfolgen. Die richtige Organisation Ihrer Kanäle gewährleistet eine effiziente Kommunikation und einen einfachen Zugang zu wichtigen Frequenzen. Hier finden Sie eine detaillierte Anleitung zum effektiven Erstellen und Verwalten dieser Listen.

Manuelle Methode

Schalten Sie zunächst Ihr Baofeng-Radio ein und wechseln Sie durch Drücken der Taste „VFO/MR" in den Frequenzmodus. In diesem Modus können Sie die Frequenzen, die Sie programmieren möchten, manuell eingeben. Um eine neue Frequenz einzugeben, geben Sie diese direkt über die Tastatur ein. Wenn Sie beispielsweise die Frequenz 145,600 MHz programmieren möchten, drücken Sie nacheinander die Tasten 1, 4, 5, 6, 0 und 0. Die Frequenz sollte während der Eingabe auf dem Display erscheinen.

Als Nächstes müssen Sie zusätzliche Parameter für die Frequenz festlegen, z. B. CTCSS- oder DCS-Töne, die dabei helfen, unerwünschte Übertragungen herauszufiltern. Drücken Sie dazu die Taste „MENU", um auf die Menüoptionen zuzugreifen. Scrollen Sie mit den Pfeiltasten durch das Menü, bis Sie die Optionen für „T-CTCS" (CTCSS senden) und „R-CTCS" (CTCSS empfangen) finden. Wählen Sie jede Option aus, indem Sie erneut auf „MENU" drücken, und verwenden Sie dann die Pfeiltasten, um den gewünschten Ton auszuwählen. Bestätigen Sie jede Auswahl, indem Sie auf „MENU" drücken.

Nachdem Sie die Frequenz und die Töne eingestellt haben, speichern Sie den Kanal im Speicher Ihres Radios. Drücken Sie „MENU" und scrollen Sie zur Option „MEM-CH" (Speicherkanal). Wählen Sie es durch Drücken von „MENU" aus und wählen Sie mit den Pfeiltasten einen verfügbaren Speicherplatz aus. Drücken Sie „MENU", um den Kanal zu bestätigen und zu speichern. Wiederholen Sie diesen Vorgang für jede Frequenz, die Sie programmieren möchten, und stellen Sie dabei sicher, dass jeder Kanal in einem eindeutigen Speicherplatz gespeichert wird.

Um Ihre Kanalliste manuell zu verwalten, ist es nützlich, eine schriftliche Aufzeichnung jedes programmierten Kanals zu führen, einschließlich seiner Frequenz, seines Namens und aller zusätzlichen Parameter. Dieser Datensatz hilft Ihnen, Ihre Kanäle zu verfolgen und bei Bedarf Änderungen vorzunehmen. Organisieren Sie Ihre Kanäle, indem Sie ähnliche Kanäle gruppieren, z. B. alle Notruffrequenzen oder alle lokalen Repeater, um die Navigation zu vereinfachen.

Verwendung der Chirp-Software

Die Verwendung der Chirp-Software vereinfacht die Erstellung und Verwaltung von Kanallisten erheblich. Schließen Sie zunächst Ihr Baofeng-Radio mit einem Programmierkabel an Ihren Computer an und stellen Sie sicher, dass Chirp installiert ist. Öffnen Sie Chirp und laden Sie die aktuelle Konfiguration von Ihrem Radio herunter, indem Sie im Menü „Radio" die Option „Vom Radio herunterladen" auswählen. Wählen Sie die Marke und das Modell Ihres Radios sowie den richtigen COM-Anschluss aus und klicken Sie dann auf „OK".

Chirp zeigt die aktuelle Kanalliste Ihres Radios in einer tabellenähnlichen Oberfläche an. Um einen neuen Kanal zu erstellen, klicken Sie auf eine leere Zeile und geben Sie die Frequenz, den Namen und alle zusätzlichen Einstellungen wie CTCSS/DCS-Töne ein. Chirp ermöglicht das Kopieren und Einfügen von Einstellungen und erleichtert so die Verwaltung mehrerer Kanäle. Wenn Sie beispielsweise über mehrere Frequenzen mit den gleichen Toneinstellungen verfügen, können Sie diese Informationen schnell duplizieren.

Sie können auch eine Liste von Frequenzen aus einer Datei importieren. Gehen Sie zum Menü „Datei" und wählen Sie „Importieren". Wählen Sie dann eine CSV-Datei oder andere unterstützte Formate. Diese Funktion ist besonders nützlich, wenn Sie eine große Anzahl von Kanälen programmieren müssen. Bereiten Sie Ihre Liste in einer Tabellenkalkulationsanwendung wie Excel vor und importieren Sie sie dann in Chirp, um Zeit zu sparen.

Organisieren Sie Ihre Kanäle in Chirp, indem Sie sie logisch gruppieren. Platzieren Sie beispielsweise alle Notrufkanäle in einem aufeinanderfolgenden Block, gefolgt von lokalen Repeatern und dann persönlichen oder Freizeitfrequenzen. Diese Organisation hilft Ihnen, schnell die Kanäle zu finden und darauf zuzugreifen, die Sie benötigen.

Nachdem Sie alle gewünschten Kanäle organisiert und eingegeben haben, laden Sie die neue

Konfiguration auf Ihr Radio hoch, indem Sie im Menü „Radio" die Option „Auf Radio hochladen" auswählen. Bestätigen Sie die Einstellungen und den COM-Port und klicken Sie dann auf „OK", um den Upload zu starten. Chirp überträgt die aktualisierte Kanalliste auf Ihr Radio und Sie sehen einen Fortschrittsbalken, der den Status anzeigt.

Um Ihre Kanallisten organisiert zu halten, speichern Sie die Chirp-Datei unter einem aussagekräftigen Namen. Dadurch können Sie Ihr Radio in Zukunft problemlos aktualisieren und neu programmieren. Gehen Sie zum Menü „Datei" und wählen Sie „Speichern unter", wählen Sie dann einen Speicherort auf Ihrem Computer und geben Sie einen Namen für die Datei ein.

Tipps für Organisation und Effizienz

1. Kanäle kategorisieren: Gruppieren Sie ähnliche Kanäle, z. B. Notfalldienste, lokale Repeater und persönliche Kanäle. Diese Kategorisierung hilft

Ihnen, schnell die Kanäle zu finden, die Sie in verschiedenen Situationen benötigen.

2. Deutlich kennzeichnen: Verwenden Sie für jeden Kanal aussagekräftige Namen, um die Identifizierung zu erleichtern. Verwenden Sie anstelle allgemeiner Namen Bezeichnungen wie „Local Repeater", „Fire Dept" oder „Camping Channel".

3. Regelmäßiges Backup: Speichern Sie Ihre Kanallistenkonfigurationen regelmäßig in Chirp. Dadurch wird sichergestellt, dass Sie Ihre Einstellungen problemlos wiederherstellen können, wenn Sie Ihr Radio zurücksetzen oder auf ein neues Gerät übertragen müssen.

4. Aliase verwenden: Erwägen Sie für häufig verwendete Häufigkeiten die Einrichtung von Aliasnamen oder Kurznamen. Dadurch können Sie schneller zu wichtigen Kanälen wechseln, ohne sich die genauen Frequenznummern merken zu müssen.

5. **Testen und anpassen:** Nachdem Sie Ihre Kanäle programmiert haben, testen Sie sie, um sicherzustellen, dass sie wie erwartet funktionieren. Nehmen Sie alle erforderlichen Anpassungen in Chirp vor und laden Sie die aktualisierte Konfiguration auf Ihr Radio hoch.

6. **Frequenzressourcen:** Nutzen Sie Online-Ressourcen und lokale Radioclubs, um empfohlene Frequenzen für Ihre Region zu finden. Diese Quellen können wertvolle Informationen zu aktiven Repeatern, Notrufkanälen und anderen nützlichen Frequenzen liefern.

7. **Regelmäßige Updates:** Halten Sie Ihre Kanallisten auf dem neuesten Stand, indem Sie regelmäßig neue Frequenzen überprüfen und hinzufügen. Entfernen Sie alle Kanäle, die nicht mehr benötigt werden, damit Ihre Liste effizient und relevant bleibt.

Wenn Sie diese Schritte und Tipps befolgen, können Sie effektiv Kanallisten auf Ihrem Baofeng-Radio erstellen und verwalten, sowohl mit manuellen Methoden als auch mit der Chirp-Software. Diese Organisation verbessert Ihre Kommunikationsfähigkeiten und stellt sicher, dass Sie in verschiedenen Situationen schnell und effizient auf die Kanäle zugreifen können, die Sie benötigen.

Einrichten von CTCSS/DCS-Codes für den Datenschutz

CTCSS- (Continuous Tone-Coded Squelch System) und DCS-Codes (Digital-Coded Squelch) werden verwendet, um unerwünschte Übertragungen auf Ihrem Baofeng-Funkgerät herauszufiltern und so eine privatere und klarere Kommunikation zu ermöglichen. Diese Codes verschlüsseln Ihre Kommunikation nicht, reduzieren aber Interferenzen, indem sie sicherstellen, dass sich nur Funkgeräte gegenseitig hören können, die auf denselben Ton oder Code eingestellt sind. Hier erfahren Sie, wie Sie CTCSS- und DCS-Codes auf Ihrem Baofeng-Funkgerät verstehen und einrichten.

CTCSS-Codes sind analoge Töne, die zusammen mit Ihrem Sprachsignal übertragen werden. Wenn Sie an Ihrem Funkgerät einen CTCSS-Code einstellen, wird die Rauschsperre nur dann geöffnet (Sie können hören), wenn es denselben CTCSS-Ton von einem anderen Funkgerät empfängt. Dies trägt dazu bei, Lärm und Störungen durch andere Benutzer auf derselben Frequenz zu reduzieren. Es gibt 50 Standard-CTCSS-Töne, die jeweils durch eine bestimmte Frequenz gekennzeichnet sind.

DCS-Codes hingegen sind digital und bieten eine ähnliche Funktion. Anstelle eines Dauertons sendet DCS einen digitalen Code. DCS bietet mehr Codes als CTCSS, normalerweise 104, und bietet so ein höheres Maß an Spezifität und Datenschutz. Wie CTCSS müssen auch DCS-Codes auf den sendenden und empfangenden Funkgeräten übereinstimmen, um eine Kommunikation zu ermöglichen.

Um CTCSS- oder DCS-Codes auf Ihrem Baofeng-Radio einzurichten, befolgen Sie diese Schritte:

1. **Einschalten und Frequenzmodus aufrufen:** Schalten Sie Ihr Baofeng-Radio ein und wechseln Sie in den Frequenzmodus, indem Sie die Taste „VFO/MR" drücken. In diesem Modus können Sie die Frequenz eingeben, die Sie verwenden möchten, und CTCSS/DCS-Codes einrichten.

2. **Wählen Sie die gewünschte Frequenz:** Geben Sie über die Tastatur die Frequenz ein, die Sie programmieren möchten. Wenn Ihre gewünschte Frequenz beispielsweise 145,500 MHz beträgt, geben Sie 1, 4, 5, 5, 0, 0 ein.

3. **Greifen Sie auf das Menü zu:** Drücken Sie die Taste „MENU", um die Menüoptionen aufzurufen.

Das Menü enthält verschiedene Einstellungen, die Sie anpassen können, einschließlich CTCSS- und DCS-Codes.

4. **CTCSS-Code einstellen:** Scrollen Sie mit den Pfeiltasten durch das Menü, bis Sie die Option „T-CTCS" finden, die für Transmit CTCSS steht. Drücken Sie erneut „MENU", um es auszuwählen. Wählen Sie mit den Pfeiltasten den gewünschten CTCSS-Ton aus der Liste aus. Jeder Ton entspricht einer bestimmten Frequenz, beispielsweise 67,0 Hz, 71,9 Hz usw. Wenn Sie den gewünschten Ton ausgewählt haben, drücken Sie zur Bestätigung „MENU".

Als nächstes legen Sie den Empfangs-CTCSS-Code fest, indem Sie im Menü die Option „R-CTCS" finden. Wählen Sie es durch Drücken von „MENU" aus und verwenden Sie die Pfeiltasten, um denselben CTCSS-Ton auszuwählen, den Sie zum Senden eingestellt haben. Bestätigen Sie durch erneutes Drücken von

„MENU". Durch das Festlegen der CTCSS-Codes für Senden und Empfangen wird sichergestellt, dass Ihr Funkgerät nur mit anderen Funkgeräten kommuniziert, die denselben Ton verwenden.

5. **DCS-Code einstellen:** Wenn Sie lieber DCS-Codes verwenden möchten, gehen Sie ähnlich vor. Suchen Sie im Menü für Transmit DCS die Option „T-DCS" und wählen Sie sie durch Drücken von „MENU" aus. Wählen Sie mit den Pfeiltasten den gewünschten DCS-Code aus, z. B. D023N, D025N usw. Bestätigen Sie Ihre Auswahl durch Drücken von „MENU".

Legen Sie dann den Empfangs-DCS-Code fest, indem Sie die Option „R-DCS" suchen. Wählen Sie es aus und verwenden Sie die Pfeiltasten, um denselben DCS-Code auszuwählen. Bestätigen Sie mit „MENU". Wie bei CTCSS sorgt die Einstellung übereinstimmender Sende- und Empfangs-DCS-Codes dafür, dass Ihr Funkgerät unerwünschte Signale herausfiltert.

6. Speichern Sie die Einstellungen: Speichern Sie nach dem Einstellen der CTCSS- oder DCS-Codes die Frequenz und Codes in einem Speicherkanal. Drücken Sie „MENU" und scrollen Sie zur Option „MEM-CH". Wählen Sie es aus, wählen Sie mit den Pfeiltasten einen verfügbaren Speicherplatz aus und drücken Sie zum Speichern auf „MENU".

7. Testen Sie das Setup: Nachdem Sie die Codes eingerichtet und gespeichert haben, testen Sie die Kommunikation mit einem anderen Funkgerät, das auf dieselbe Frequenz und dieselben Codes programmiert ist. Stellen Sie sicher, dass Sie Übertragungen nur dann hören können, wenn beide Funkgeräte übereinstimmende CTCSS- oder DCS-Codes verwenden.

Tipps zur effektiven Nutzung

Konsistenz: Stellen Sie sicher, dass alle Funkgeräte in Ihrer Gruppe dieselben CTCSS- oder DCS-Codes verwenden. Inkonsistente Einstellungen verhindern, dass Funkgeräte miteinander kommunizieren.

Vermeiden Sie gemeinsame Töne: Wählen Sie weniger verbreitete CTCSS- oder DCS-Codes, um Störungen durch andere Benutzer zu minimieren, die möglicherweise auf derselben Frequenz sind, aber Standardtöne verwenden.

Label-Kanäle: Beschriften Sie die Kanäle Ihres Radios deutlich mit den entsprechenden CTCSS- oder DCS-Codes. Dies hilft, Verwirrung zu vermeiden und stellt sicher, dass Sie während der Kommunikation den richtigen Kanal auswählen.

Überwachungskanäle: Wechseln Sie gelegentlich zu einer offenen Frequenz ohne CTCSS- oder DCS-Codes, um wichtige Übertragungen zu überwachen, die diese Filter möglicherweise nicht verwenden.

Backup-Einstellungen: Bewahren Sie eine schriftliche Aufzeichnung oder Sicherungsdatei Ihrer programmierten Frequenzen und Codes auf. Dies ist nützlich, um Einstellungen neu zu programmieren oder mit neuen Gruppenmitgliedern zu teilen.

Durch das Verstehen und Einrichten der CTCSS- und DCS-Codes auf Ihrem Baofeng-Funkgerät können Sie die Privatsphäre und Klarheit Ihrer Kommunikation erheblich verbessern. Diese Codes helfen dabei, unerwünschte Geräusche herauszufiltern und stellen sicher, dass Sie nur Übertragungen hören, die für Ihre Gruppe bestimmt sind. Bei sorgfältiger Einrichtung und Verwaltung machen CTCSS- und DCS-Codes Ihre Funkkommunikation effizienter und effektiver.

Konfigurieren der Dual-Watch- und Dual-Standby-Modi

Baofeng-Radios sind mit Dual-Watch- und Dual-Standby-Modi ausgestattet, die nützliche

Funktionen zur gleichzeitigen Überwachung mehrerer Frequenzen sind. Das Verstehen und Einrichten dieser Modi kann Ihre Kommunikationsfähigkeiten erheblich verbessern.

Hier finden Sie eine umfassende Anleitung zu diesen Funktionen und deren Konfiguration auf Ihrem Baofeng-Radio.

Dual-Watch-Modus

Im Dual-Watch-Modus können Sie zwei Frequenzen gleichzeitig überwachen. Diese Funktion ist besonders nützlich, wenn Sie einen primären Kanal im Auge behalten und gleichzeitig die Kommunikation auf einer sekundären Frequenz im Auge behalten müssen. Das Radio bleibt primär auf der Hauptfrequenz, schaltet jedoch bei Aktivität auf die Sekundärfrequenz um.

So richten Sie den Dual-Watch-Modus ein:

1. Schalten Sie das Radio ein: Schalten Sie Ihr Baofeng-Radio ein, indem Sie den Lautstärkeregler im Uhrzeigersinn drehen. Sie sollten einen Piepton hören, der anzeigt, dass das Radio eingeschaltet ist.

2. Rufen Sie den Frequenzmodus auf: Drücken Sie die Taste „VFO/MR", um in den Frequenzmodus zu wechseln, falls Sie sich nicht bereits in diesem Modus befinden. Dadurch können Sie die Frequenzen, die Sie überwachen möchten, manuell eingeben.

3. Wählen Sie die erste Frequenz aus: Geben Sie über die Tastatur die Primärfrequenz ein, die Sie überwachen möchten. Wenn Ihre Primärfrequenz beispielsweise 145,500 MHz beträgt, geben Sie 1, 4, 5, 5, 0, 0 ein. Stellen Sie sicher, dass diese Frequenz in der oberen Zeile des Bildschirms angezeigt wird (A-Band).

4. Wählen Sie die zweite Frequenz: Drücken Sie die Taste „A/B", um zur unteren Zeile des Bildschirms (B-Band) zu wechseln. Geben Sie über die Tastatur die Sekundärfrequenz ein, die Sie überwachen möchten, z. B. 146,520 MHz. Geben Sie 1, 4, 6, 5, 2, 0 ein.

5. Aktivieren Sie den Dual-Watch-Modus: Drücken Sie die Taste „MENU", um auf die Menüoptionen zuzugreifen. Scrollen Sie mit den Pfeiltasten durch das Menü, bis Sie die Option „TDR" (Dual Watch/Dual Reception) finden. Drücken Sie „MENU", um es auszuwählen. Wählen Sie mit den Pfeiltasten „EIN" und drücken Sie zur Bestätigung erneut „MENU".

6. Speichern Sie die Einstellungen: Verlassen Sie das Menü durch Drücken der „EXIT"-Taste. Ihr Radio ist jetzt auf den Dual-Watch-Modus eingestellt und überwacht beide Frequenzen. Das Display zeigt beide Frequenzen an und das Radio schaltet auf die aktive Frequenz um, wenn eine Übertragung stattfindet.

Dual-Standby-Modus

Der Dual-Standby-Modus ähnelt dem Dual-Watch-Modus, ermöglicht es dem Radio jedoch, beide Frequenzen zu hören und automatisch auf die aktive umzuschalten. Dies bedeutet, dass Sie zwei Kanäle effektiv überwachen und auf die Kommunikation auf einem der beiden Kanäle reagieren können, ohne manuell zwischen ihnen wechseln zu müssen.

So richten Sie den Dual-Standby-Modus ein:

1. Schalten Sie das Radio ein: Stellen Sie sicher, dass Ihr Baofeng-Radio eingeschaltet ist.

2. Rufen Sie den Frequenzmodus auf: Drücken Sie die Taste „VFO/MR", um in den Frequenzmodus zu wechseln.

3. Wählen Sie die erste Frequenz aus: Geben Sie die Primärfrequenz in der oberen Zeile des Bildschirms ein (A-Band).

4. Wählen Sie die zweite Frequenz: Wechseln Sie in die unterste Zeile des Bildschirms (B-Band) und geben Sie die Sekundärfrequenz ein.

5. Aktivieren Sie den Dual-Standby-Modus: Dieser Modus wird automatisch aktiviert, wenn Sie den Dual-Watch-Modus einstellen. Das Funkgerät bleibt auf der zuletzt aktiven Frequenz, bis auf der anderen Frequenz Aktivität erkannt wird. Anschließend schaltet es auf diese Frequenz um.

Konfigurieren zusätzlicher Einstellungen für beide Modi

1. Prioritätskanal: Wenn Sie möchten, dass eine der Frequenzen Vorrang vor der anderen hat, können Sie sie als Prioritätskanal festlegen. Drücken Sie die Taste „MENU" und scrollen Sie zur Option „PRI". Wählen Sie es aus, wählen Sie „EIN" und bestätigen Sie mit „MENU". Das Funkgerät überprüft regelmäßig den Prioritätskanal auf Aktivität und schaltet auf diesen um, wenn eine Übertragung erkannt wird.

2. Töne einstellen: Sie können auch CTCSS- oder DCS-Codes für jede Frequenz festlegen, um unerwünschte Signale herauszufiltern. Rufen Sie das Menü auf und finden Sie die Optionen „T-CTCS" oder „R-CTCS" für CTCSS-Töne oder „T-DCS" und „R-DCS" für DCS-Codes. Stellen Sie diese Codes nach Bedarf für jede Frequenz ein.

3. Volumenausgleich: Stellen Sie sicher, dass die Lautstärkepegel für beide Frequenzen richtig eingestellt sind. Sie können die Lautstärke anpassen, indem Sie den Lautstärkeregler drehen. Stellen Sie sicher, dass beide Frequenzen hörbar genug sind, um jegliche Kommunikation zu erfassen.

Tipps zur Verwendung der Dual-Watch- und Dual-Standby-Modi

Überwachen Sie wichtige Kanäle: Verwenden Sie diese Modi, um Notrufkanäle oder andere wichtige

Frequenzen im Auge zu behalten und gleichzeitig Ihre normale Kommunikation fortzusetzen.

Batteriemanagement: Der Dual-Watch- und Dual-Standby-Modus kann den Akku schneller entladen, da das Radio ständig zwei Frequenzen überwacht. Halten Sie Ersatzbatterien bereit oder nutzen Sie einen Batteriesparmodus, falls verfügbar.

Klare Kommunikation: Wenn Sie Dual Watch oder Dual Standby verwenden, sprechen Sie deutlich und hören Sie aufmerksam zu, um zu vermeiden, dass Übertragungen verpasst werden. Das Funkgerät kann schnell zwischen den Frequenzen wechseln und eine klare Kommunikation sorgt dafür, dass keine wichtigen Nachrichten verpasst werden.

Testeinstellungen: Nachdem Sie diese Modi eingerichtet haben, testen Sie das Radio, um sicherzustellen, dass es richtig zwischen den Frequenzen wechselt und dass Sie Übertragungen auf beiden hören können. Dadurch wird sichergestellt, dass Ihre Konfiguration korrekt und funktionsfähig ist.

Regelmäßige Updates: Überprüfen und aktualisieren Sie regelmäßig die von Ihnen überwachten Frequenzen, um sicherzustellen, dass sie relevant bleiben. Die verwendeten Frequenzen können sich im Laufe der Zeit ändern und die Aktualisierung Ihrer Kanalliste gewährleistet eine effektive Kommunikation.

Durch das Verstehen und Nutzen der Dual-Watch- und Dual-Standby-Modi Ihres Baofeng-Radios können Sie Ihre Kommunikationsfähigkeiten erheblich verbessern. Mit diesen Funktionen können Sie mehrere Kanäle überwachen und so sicherstellen, dass Sie in verschiedenen Situationen informiert und verbunden bleiben. Durch die ordnungsgemäße Einrichtung und Verwaltung dieser Modi stellen Sie sicher, dass Sie die

Funktionalität Ihres Baofeng-Radios optimal nutzen.

KAPITEL 4

Praktische Anwendungen für den täglichen Gebrauch

Kommunikation in städtischen Umgebungen

Für eine effektive Funkkommunikation in städtischen Umgebungen sind Strategien erforderlich, die Hindernisse wie Gebäude, Störungen durch andere elektronische Geräte und unterschiedliches Gelände berücksichtigen. Städtische Gebiete stellen einzigartige Herausforderungen dar, aber mit den richtigen Techniken und Werkzeugen können Sie mit Ihrem Baofeng-Radio eine klare und zuverlässige Kommunikation aufrechterhalten.

Eines der Haupthindernisse in städtischen Gebieten ist das Vorhandensein von Gebäuden, die

Funksignale blockieren oder reflektieren können. Um dies zu umgehen, wählen Sie höhere Frequenzen für Ihre Kommunikation. VHF-Signale (Very High Frequency) sind zwar in offenen Bereichen nützlich, können jedoch bei Hindernissen Probleme bereiten. UHF-Signale (Ultra High Frequency) hingegen können Gebäude besser durchdringen und durch städtische Landschaften navigieren. Daher kann die Verwendung von UHF-Frequenzen die Klarheit Ihrer Kommunikation in Städten verbessern.

Die Positionierung ist ein weiterer entscheidender Faktor. Versuchen Sie bei der Verwendung Ihres Baofeng-Radios, wann immer möglich, eine erhöhte Position einzunehmen. Höhere Flächen oder Dächer können eine klarere Sichtlinie für Ihre Funksignale bieten und so die Auswirkungen von Gebäuden und anderen Strukturen verringern. Wenn Sie sich in einem Gebäude befinden, gehen Sie nah an ein Fenster oder einen offenen Bereich, um den

Signalempfang und die Signalübertragung zu verbessern.

Antennen spielen eine wichtige Rolle bei der Verbesserung der Kommunikationsqualität. Die Standardantenne, die den meisten Baofeng-Radios beiliegt, ist für städtische Umgebungen oft nicht die effizienteste. Ein Upgrade auf eine Antenne mit höherer Verstärkung kann die Leistung Ihres Radios erheblich steigern. Eine Hochleistungsantenne kann die Reichweite und Klarheit Ihrer Übertragungen erweitern, indem sie das Signal effektiver fokussiert, was besonders in Bereichen mit vielen Hindernissen nützlich ist.

Störungen durch andere elektronische Geräte sind ein weiteres häufiges Problem in städtischen Umgebungen. Geräte wie WLAN-Router, Mobilfunkmasten und sogar andere Funkgeräte können Signalstörungen verursachen. Um dies zu minimieren, verwenden Sie die Codes CTCSS (Continuous Tone-Coded Squelch System) oder

DCS (Digital-Coded Squelch). Diese Codes helfen dabei, unerwünschte Signale herauszufiltern und stellen sicher, dass Ihr Funkgerät nur auf Übertragungen auf derselben Frequenz mit demselben Ton oder Code reagiert, wodurch die Auswirkungen von Interferenzen verringert werden.

Repeater-Stationen sind eine wertvolle Ressource in städtischen Gebieten. Repeater empfangen Ihr Funksignal und übertragen es mit höherer Leistung weiter, wodurch Ihre Kommunikationsreichweite effektiv erweitert wird. In vielen Städten gibt es zahlreiche Repeater, die von Amateurfunkvereinen oder Rettungsdiensten aufgestellt werden. Finden Sie die Standorte und Frequenzen lokaler Repeater heraus und programmieren Sie sie in Ihr Baofeng-Radio. Der Einsatz von Repeatern kann Ihre Kommunikationsfähigkeit über größere Entfernungen und durch Hindernisse erheblich verbessern.

Auch die regelmäßige Überwachung und Anpassung Ihrer Frequenz kann dabei helfen, eine klare Kommunikation aufrechtzuerhalten. Städtische Umgebungen sind dynamisch und verschiedene Signale ändern sich ständig. Wenn Sie Störungen oder eine schlechte Signalqualität bemerken, versuchen Sie, auf eine andere Frequenz umzuschalten. Das Führen einer Liste alternativer Frequenzen und Repeater kann Optionen bieten, wenn Ihre Primärfrequenz unbrauchbar wird.

Effektive Kommunikation hängt auch von der richtigen Funketikette und klaren, prägnanten Nachrichten ab. In städtischen Umgebungen, in denen möglicherweise viele Menschen Radios nutzen, ist es wichtig, lange Übertragungen zu vermeiden, die Frequenzen binden können. Sprechen Sie klar und direkt und achten Sie außerdem darauf, dass Ihre Nachrichten kurz, aber informativ sind. Die Verwendung von Standardkommunikationsprotokollen, wie z. B. die Identifizierung Ihrer Person und Ihres Standorts zu

Beginn jeder Übertragung, kann dazu beitragen, Verwirrung zu vermeiden und sicherzustellen, dass Ihre Nachrichten verstanden werden.

Ein weiterer Gesichtspunkt ist der Umgebungslärm. Städtische Gebiete sind oft laut, da Verkehrsgeräusche, Baugeräusche und Menschenmassen zu hören sind. Verwenden Sie ein externes Mikrofon oder einen Ohrhörer, um die Audioqualität zu verbessern. Ein externes Mikrofon kann dabei helfen, Ihre Stimme klarer einzufangen, während ein Ohrhörer dafür sorgt, dass Sie eingehende Übertragungen trotz Hintergrundgeräuschen hören können. Dieses Zubehör kann besonders nützlich sein, wenn Sie in lauten Umgebungen oder beim Bewegen kommunizieren.

Die Akkulaufzeit ist entscheidend für eine effektive Kommunikation. In städtischen Umgebungen sind möglicherweise längere Übertragungszeiten und höhere Energieeinstellungen erforderlich, wodurch der Akku schneller entladen werden kann. Nehmen Sie Ersatzbatterien oder ein tragbares Ladegerät mit, um sicherzustellen, dass Ihnen der Strom nicht ausgeht, wenn Sie ihn am meisten brauchen. Überprüfen Sie regelmäßig Ihren Batteriestatus und bereiten Sie sich mit Backups vor, um eine unterbrechungsfreie Kommunikation aufrechtzuerhalten.

Planung und Vorbereitung sind der Schlüssel für eine erfolgreiche Stadtkommunikation. Planen Sie Ihre Kommunikationsstrategie, bevor Sie sich in ein städtisches Gebiet begeben. Identifizieren Sie wichtige Standorte, z. B. Höhepunkte oder Gebiete mit bekanntermaßen gutem Empfang, und planen Sie Ihre Routen entsprechend. Teilen Sie Ihren Kommunikationsplan mit Ihrem Team und stellen Sie sicher, dass jeder weiß, welche Frequenzen zu verwenden sind und welche Backup-Pläne vorhanden sind, falls die primäre Kommunikation ausfällt.

Sicherheit hat immer Priorität. Stellen Sie in städtischen Umgebungen sicher, dass Ihr Funkgerät für den Notfallgebrauch eingerichtet ist. Programmieren Sie Notrufkanäle und lokale Notruffrequenzen in Ihr Funkgerät. Stellen Sie sicher, dass Sie und Ihr Team wissen, wie Sie bei Bedarf schnell zu diesen Kanälen wechseln können. Ein klarer Notfallkommunikationsplan kann in Situationen, in denen eine schnelle und zuverlässige Kommunikation unerlässlich ist, von entscheidender Bedeutung sein.

Der effektive Einsatz Ihres Baofeng-Radios in städtischen Umgebungen erfordert eine Kombination aus technischen Anpassungen und praktischen Strategien. Durch die Auswahl der richtigen Frequenzen, die Aufrüstung Ihrer Antenne, den Einsatz von Repeatern, die Minimierung von Interferenzen und die Einhaltung geeigneter Kommunikationsprotokolle können Sie auch unter den schwierigen Bedingungen einer Stadt eine klare und zuverlässige Kommunikation aufrechterhalten. Mit der richtigen Vorbereitung und den richtigen Werkzeugen kann Ihr Baofeng-Radio ein wertvolles Hilfsmittel sein, um in jeder städtischen Umgebung in Verbindung zu bleiben.

Verwendung von Baofeng-Radios für Outdoor-Abenteuer

Baofeng-Radios sind unschätzbare Werkzeuge für Outdoor-Abenteuer wie Wandern, Camping und Bootfahren. Sie sorgen für zuverlässige Kommunikation in abgelegenen Gebieten, in denen möglicherweise kein Mobilfunkempfang verfügbar ist, und sorgen so für Sicherheit und Koordination innerhalb Ihrer Gruppe. Wenn Sie verstehen, wie Sie diese Funkgeräte im Außenbereich effektiv einsetzen, können Sie Ihr Erlebnis verbessern und dafür sorgen, dass alle miteinander in Verbindung bleiben.

Wenn Sie sich auf ein Outdoor-Abenteuer vorbereiten, besteht einer der ersten Schritte darin, sicherzustellen, dass Ihr Baofeng-Radio ordnungsgemäß aufgeladen ist und Sie über Ersatzbatterien verfügen. Outdoor-Aktivitäten können unvorhersehbar sein und zusätzliche Energiequellen sind für die Aufrechterhaltung der Kommunikation von entscheidender Bedeutung. Erwägen Sie die Investition in ein Solarladegerät oder einen tragbaren Akku, um Ihr Radio vor Ort aufzuladen.

Die Wahl der richtigen Frequenzen ist für eine effektive Kommunikation von entscheidender Bedeutung. In abgelegenen Gebieten funktionieren UKW-Signale (Very High Frequency) oft besser, da sie sich in offenen Räumen und über Wasser weiter ausbreiten. Beim Wandern und Campen in Wäldern oder bergigem Gelände ist UHF (Ultra High Frequency) möglicherweise effektiver, da es dichtes Laub und Hindernisse besser durchdringen kann. Programmieren Sie Ihre Funkgeräte mit einer Reihe von Frequenzen vor, einschließlich lokaler Notrufkanäle und allgemeiner Frequenzen, die von Outdoor-Enthusiasten verwendet werden.

Ein wesentliches Merkmal von Baofeng-Radios für den Außenbereich ist die Möglichkeit, Kanäle zu scannen. Dadurch können Sie mehrere Frequenzen überwachen und schnell aktive Kanäle finden. Das Scannen ist besonders nützlich beim Bootfahren oder Wandern in Gebieten, in denen möglicherweise auch andere Gruppen Funkgeräte verwenden. Es hilft Ihnen, über Aktivitäten in der Nähe auf dem Laufenden zu bleiben und bei Bedarf mit anderen zu kommunizieren.

Das Verstehen und Verwenden von Repeatern kann Ihre Kommunikationsreichweite erheblich verbessern. Repeater sind Geräte, die Ihr Signal empfangen und mit höherer Leistung weitersenden, wodurch die Reichweite Ihres Funkgeräts vergrößert wird. Bevor Sie losfahren, informieren Sie sich über die Standorte und Frequenzen aller Repeater in der Umgebung. In vielen Outdoor-Regionen gibt es Repeater, die von örtlichen Amateurfunkvereinen oder

Rettungsdiensten aufgestellt werden. Die Programmierung dieser Funktionen in Ihr Funkgerät kann in abgelegenen Gebieten einen erheblichen Kommunikationsvorteil bieten.

Eine effektive Antennennutzung ist entscheidend für die Maximierung der Reichweite Ihres Funkgeräts. Die Standardantenne, die mit Baofeng-Funkgeräten geliefert wird, bietet in unebenem Gelände möglicherweise nicht immer die beste Leistung. Ein Upgrade auf eine Antenne mit höherer Verstärkung kann die Signalübertragung und den Signalempfang verbessern. Erwägen Sie außerdem, eine Teleskop- oder flexible Antenne mitzuführen, die für eine bessere Leistung unter unterschiedlichen Bedingungen angepasst werden kann.

Wenn Sie Baofeng-Funkgeräte zum Wandern verwenden, berücksichtigen Sie das Gelände und Ihren Standort. Höhere Höhen bieten im Allgemeinen eine bessere Signalreichweite.

Versuchen Sie nach Möglichkeit, von Hügelkuppen oder offenen Gebieten aus zu kommunizieren, statt von Tälern oder waldreichen Regionen. Wenn Sie von Ihrer Gruppe getrennt sind, kann ein Umzug an einen höher gelegenen Ort Ihre Chancen verbessern, den Kontakt wiederherzustellen.

Erstellen Sie beim Campen einen Kommunikationsplan mit Ihrer Gruppe, bevor Sie das Camp aufbauen. Legen Sie eine gemeinsame Frequenz fest und stellen Sie sicher, dass jeder weiß, wie er seine Funkgeräte bedient. Regelmäßige Check-ins helfen dabei, alle über ihre Standorte und Aktivitäten auf dem Laufenden zu halten. Auf größeren Campingplätzen können Sie die Funkgeräte nutzen, um Gruppenaktivitäten zu koordinieren, wichtige Informationen auszutauschen oder bei Bedarf um Hilfe zu rufen.

Das Bootfahren stellt aufgrund der ausgedehnten Beschaffenheit des Wassers und möglicher Störungen durch die Umwelt besondere

Herausforderungen dar. Bei Bootsaktivitäten sind UKW-Frequenzen in der Regel effektiver. Stellen Sie sicher, dass Ihr Radio wasserdicht oder zumindest wasserbeständig ist, da der Kontakt mit Wasser ein häufiges Risiko darstellt. Verwenden Sie eine schwimmfähige Funkgeräthülle oder befestigen Sie eine Schwimmhilfe an Ihrem Funkgerät, um zu verhindern, dass es sinkt, wenn es über Bord fällt.

Wetterbedingungen können die Funkkommunikation erheblich beeinträchtigen. Beachten Sie im Außenbereich die Wettervorhersagen und planen Sie entsprechend. Regen, Nebel und andere Wetterbedingungen können die Signalstärke und -klarheit beeinträchtigen. Ein wetterfestes Funkgerät oder eine Schutzhülle kann dabei helfen, die Kommunikation auch unter widrigen Bedingungen aufrechtzuerhalten.

Bei Outdoor-Abenteuern ist eine klare und prägnante Kommunikation von entscheidender

Bedeutung. Verwenden Sie Standardfunkprotokolle, z. B. die Identifizierung Ihrer Person und Ihres Standorts zu Beginn jeder Übertragung. Halten Sie Nachrichten kurz und auf den Punkt, um den Kanal nicht zu belasten und sicherzustellen, dass wichtige Informationen effizient übermittelt werden. Verwenden Sie in Notsituationen allgemein anerkannte Notsignale und -protokolle, um Hilfe zu rufen.

Beim Einsatz von Funkgeräten bei Outdoor-Aktivitäten sollte die Sicherheit immer oberste Priorität haben. Programmieren Sie lokale Notruffrequenzen und die Frequenzen von Parkwächtern oder Rettungsdiensten in Ihr Funkgerät. Stellen Sie sicher, dass jeder in Ihrer Gruppe weiß, wie er auf diese Frequenzen umschaltet, und rufen Sie bei Bedarf um Hilfe. Überprüfen Sie regelmäßig die Funktionalität Ihres Funkgeräts, einschließlich Batteriestand und Signalklarheit, um sicherzustellen, dass es im Notfall einsatzbereit ist.

Schulung und Übung sind für eine effektive Funknutzung unerlässlich. Bevor Sie sich auf Ihr Outdoor-Abenteuer begeben, nehmen Sie sich die Zeit, sich mit den Funktionen und Merkmalen Ihres Baofeng-Radios vertraut zu machen. Üben Sie mit Ihrer Gruppe den Umgang mit dem Radio, einschließlich des Wechsels der Frequenz, der Verwendung der Scanfunktion und des Wechsels zu Notrufkanälen. Je vertrauter Sie mit Ihrem Funkgerät sind, desto effektiver können Sie es im Feld einsetzen.

Baofeng-Radios können die Sicherheit und den Spaß bei Ihren Outdoor-Abenteuern erheblich steigern, indem sie für zuverlässige Kommunikation in abgelegenen Gebieten sorgen. Eine ordnungsgemäße Vorbereitung, einschließlich Aufladen und Warten Ihres Funkgeräts, Auswahl geeigneter Frequenzen, Verständnis und Verwendung von Repeatern, Aufrüsten von Antennen und Einüben klarer

Kommunikationsprotokolle, ist von entscheidender Bedeutung. Mit diesen Strategien können Sie sicherstellen, dass Ihr Baofeng-Radio ein wirksames Werkzeug ist, um beim Wandern, Camping und Bootfahren in Verbindung zu bleiben und Sie und Ihre Gruppe sicher und informiert zu halten.

Koordination bei Veranstaltungen

Der Einsatz von Baofeng-Funkgeräten zur Koordinierung von Aktivitäten bei Großveranstaltungen wie Festivals, Sportveranstaltungen und Gemeindeversammlungen kann die Organisation, Sicherheit und Effizienz erheblich verbessern. Diese Funkgeräte bieten zuverlässige, sofortige Kommunikation, die dazu beiträgt, dass alle auf dem gleichen Stand bleiben, unabhängig davon, ob Sie ein Team von Freiwilligen leiten, die Kontrolle von Menschenmengen gewährleisten oder auf Notfälle reagieren.

Bei Festivals ist Kommunikation für die Bewältigung verschiedener Aspekte wie Bühnenaufführungen, Lieferantenkoordination, Sicherheit und medizinische Notfälle von entscheidender Bedeutung. Die Zuweisung spezifischer Frequenzen für verschiedene Teams kann zur Optimierung der Kommunikation beitragen. Beispielsweise könnten Sie einen Kanal für Bühnenmanager, einen anderen für Sicherheitspersonal und einen dritten für medizinische Teams haben. Dies verhindert eine Kanalüberlastung und stellt sicher, dass jedes Team effektiv und ohne Störungen kommunizieren kann.

Beim Einrichten der Kommunikation für ein Festival ist es wichtig, vor der Veranstaltung ein Briefing mit allen Radionutzern durchzuführen. Verteilen Sie während dieser Einweisung die Funkgeräte, erklären Sie den einzelnen Teams die zugewiesenen Kanäle und stellen Sie sicher, dass jeder weiß, wie man die Funkgeräte bedient. Durch die Bereitstellung einer kurzen Anleitung zum

Wechseln der Kanäle, zum Anpassen der Lautstärke und zum Verwenden von Notfallfunktionen können Verwirrungen während der Veranstaltung vermieden werden.

Auch Sportveranstaltungen profitieren stark vom Einsatz von Baofeng-Radios. Die Koordination von Aktivitäten wie Teamlogistik, Zuschauermanagement und Notfallmaßnahmen erfordert eine effiziente Kommunikation. Trainer, Schiedsrichter, Veranstaltungspersonal und Sicherheitspersonal können Funkgeräte nutzen, um in ständigem Kontakt zu bleiben. Wenn ein Trainer beispielsweise in letzter Minute Anpassungen oder Auswechslungen vornehmen muss, kann er schnell mit Teammitgliedern oder Assistenten kommunizieren. Ebenso kann das Veranstaltungspersonal den Zuschauerstrom steuern, die Leute zu den Sitzplätzen leiten und auftretende Störungen bewältigen.

Zu einem effektiven Radioeinsatz bei Sportveranstaltungen gehört auch die strategische Platzierung von Schlüsselpersonal. Die Positionierung von Personen mit Funkgeräten an kritischen Punkten wie Eingängen, Ausgängen und stark frequentierten Bereichen gewährleistet eine schnelle Kommunikation und Reaktion. Dieses Setup hilft dabei, die Bewegung der Menschenmenge zu überwachen und etwaige Probleme umgehend zu beheben, wodurch das Gesamterlebnis für Teilnehmer und Zuschauer verbessert wird.

Auch Gemeinschaftsaktivitäten wie Paraden, Jahrmärkte und Aufräumarbeiten in der Nachbarschaft profitieren von der Verwendung von Baofeng-Radios. Organisatoren können den Kontakt zu Freiwilligen pflegen, Aktivitäten koordinieren und alle auftretenden Probleme ansprechen. Während einer Aufräumaktion in der Nachbarschaft können Teamleiter beispielsweise über Funk Freiwillige zu bestimmten Bereichen leiten, die Aufmerksamkeit erfordern, Vorräte verwalten und Abholpunkte für den gesammelten Müll koordinieren.

Sicherheit ist bei Großveranstaltungen ein vorrangiges Anliegen und Baofeng-Funkgeräte spielen eine wichtige Rolle bei der Notfallkommunikation. Es ist wichtig, ein klares Protokoll für Notfälle zu erstellen. Legen Sie einen bestimmten Kanal für den Notfall fest und stellen Sie sicher, dass alle Funkbenutzer wissen, wie sie schnell darauf umschalten können. Im Falle eines medizinischen Notfalls, einer Sicherheitsbedrohung oder eines verlorenen Kindes kann eine sofortige Kommunikation eine schnelle Reaktion ermöglichen. Veranstalter von Veranstaltungen sollten zudem regelmäßige Kontrollen durchführen, um sicherzustellen, dass alle Funkgeräte ordnungsgemäß funktionieren und über eine ausreichende Batterielebensdauer verfügen.

Um die Wirksamkeit von Baofeng-Funkgeräten zu maximieren, ist es wichtig, Zubehör zu verwenden, das die Kommunikation verbessert. Externe Mikrofone und Ohrhörer können die Audioqualität in lauten Umgebungen wie Konzerten oder Sportveranstaltungen verbessern. Mit diesem Zubehör können Benutzer Nachrichten auch bei lauten Hintergrundgeräuschen deutlich hören und übermitteln. Darüber hinaus kann der Einsatz von Hochleistungsantennen die Reichweite der Funkgeräte erweitern und so eine bessere Abdeckung großer Veranstaltungsorte gewährleisten.

Organisatoren sollten bei der Planung der Funkkommunikation auch das Layout der Veranstaltung berücksichtigen. Bei einem Festival, das sich beispielsweise über ein großes Gebiet erstreckt, kann die Platzierung von Relaisstationen oder Repeatern dazu beitragen, die Reichweite der Funkgeräte zu vergrößern. Dies stellt sicher, dass die Kommunikation auch dann klar bleibt, wenn die

Teammitglieder weit voneinander entfernt sind oder Hindernisse wie Gebäude oder Bühnen vorhanden sind.

Regelmäßige Check-Ins und Updates während der Veranstaltung sind entscheidend für die Aufrechterhaltung einer effektiven Kommunikation. Durch die Planung regelmäßiger Check-ins wird sichergestellt, dass alle Teams reibungslos funktionieren und etwaige Probleme umgehend behoben werden. Diese Check-ins können kurz sein, sollten aber wesentliche Aktualisierungen abdecken, wie z. B. Änderungen im Zeitplan, potenzielle Sicherheitsbedenken und die Koordinierung von Aufgaben.

Klare und prägnante Kommunikationsprotokolle sind wichtig, um Missverständnisse zu vermeiden und eine effiziente Nutzung der Funkkanäle sicherzustellen. Ermutigen Sie Benutzer, Nachrichten kurz und prägnant zu halten. Standardphrasen und -codes können für häufige

Situationen nützlich sein und den Bedarf an langwierigen Erklärungen verringern. Beispielsweise kann die Verwendung einfacher Codes für verschiedene Arten von Vorfällen (z. B. „Code Rot" für medizinische Notfälle) die Kommunikation rationalisieren und die Reaktionszeiten verbessern.

Eine Schulung ist für eine effektive Funknutzung unerlässlich. Umfangreiche Schulungen im Vorfeld der Veranstaltung helfen den Nutzern, sich mit den Features und Funktionen des Radios vertraut zu machen. Durch praktische Übungen, wie das Durchspielen verschiedener Szenarien, können Benutzer den Kanalwechsel, das Tätigen von Notrufen und die Verwendung von Zubehör üben. Je vertrauter die Benutzer mit ihren Funkgeräten sind, desto effektiver können sie während der Veranstaltung kommunizieren.

Baofeng-Radios sind leistungsstarke Werkzeuge zur Koordinierung von Aktivitäten bei

Großveranstaltungen wie Festivals, Sportveranstaltungen und Gemeindeversammlungen. Durch die Zuweisung spezifischer Kanäle zu verschiedenen Teams, die Durchführung von Briefings vor der Veranstaltung und die Verwendung geeigneter Zubehörteile können Organisatoren die Kommunikation verbessern und einen reibungslosen Ablauf gewährleisten. Regelmäßige Check-ins, klare Kommunikationsprotokolle und gründliche Schulungen tragen zusätzlich zu einer effektiven Funknutzung bei. Mit diesen Strategien können Baofeng-Radios dazu beitragen, ein sichereres, organisierteres und angenehmeres Erlebnis für alle an der Veranstaltung Beteiligten zu schaffen.

Verbesserung der Sicherheit

Baofeng-Funkgeräte sind wertvolle Hilfsmittel zur Verbesserung der persönlichen und gemeinschaftlichen Sicherheit und bieten zuverlässige und sofortige Kommunikation, die in Notsituationen einen erheblichen Unterschied machen kann. Besonders hervorzuheben ist ihre Rolle bei Programmen zur Nachbarschaftsüberwachung und zum Personenschutz, da sie einen direkten Kontakt zwischen Gemeindemitgliedern und Behörden herstellen.

Nachbarschaftsüberwachungsprogramme sind auf starke Kommunikationsnetzwerke angewiesen, um verdächtige Aktivitäten effektiv zu überwachen und zu melden. Baofeng-Radios erleichtern dies, indem sie eine Echtzeitkommunikation zwischen den Bewohnern ermöglichen. Wenn eine verdächtige Aktivität beobachtet wird, können sich die Mitglieder schnell gegenseitig alarmieren und eine Reaktion koordinieren. Diese schnelle Kommunikation kann potenzielle Kriminelle abschrecken und dafür sorgen, dass Vorfälle zeitnah der Polizei gemeldet werden.

Die Einrichtung eines Nachbarschaftsüberwachungsprogramms mit

Baofeng-Radios erfordert die Organisation und Schulung von Gemeindemitgliedern. Beginnen Sie damit, Schlüsselpersonen in verschiedenen Bereichen der Nachbarschaft Funkgeräte zuzuweisen. Richten Sie spezielle Kanäle für Routinekommunikation und Notfälle ein. Es ist wichtig, regelmäßige Schulungen durchzuführen, damit jeder weiß, wie man die Funkgeräte bedient, Kanäle wechselt und Notfallfunktionen nutzt.

Zur effektiven Nutzung von Baofeng-Radios in Nachbarschaftsüberwachungsprogrammen gehört auch die Erstellung eines klaren Protokolls für verschiedene Situationen. Wenn ein Mitglied beispielsweise eine verdächtige Person entdeckt, kann es einen bestimmten Code oder eine bestimmte Phrase verwenden, um andere zu alarmieren, ohne den Verdächtigen zu alarmieren. Diese diskrete Kommunikation hilft dabei, mehr Informationen zu sammeln und eine koordinierte Reaktion zu planen, ohne die Situation zu eskalieren.

Die persönliche Sicherheit ist ein weiterer Bereich, in dem Baofeng-Radios glänzen. Ganz gleich, ob Sie zu Hause sind, auf Reisen sind oder Outdoor-Aktivitäten nachgehen, ein Baofeng-Radio kann für zusätzliche Sicherheit sorgen. Wenn Sie beispielsweise alleine in einer abgelegenen Gegend wandern, können Sie mit einem Baofeng-Radio mit Familie oder Freunden in Kontakt bleiben. Im Notfall können Sie unter Angabe Ihres genauen Standorts und Einzelheiten zur Situation schnell Hilfe rufen.

Aus Gründen der persönlichen Sicherheit ist es wichtig, sich mit den örtlichen Notruffrequenzen vertraut zu machen und diese in Ihr Funkgerät zu programmieren. Dadurch wird sichergestellt, dass Sie bei Bedarf schnell den Notdienst erreichen können. Darüber hinaus kann die Verwendung von Zubehör wie Ohrhörern dazu beitragen, diskret zu kommunizieren, was in Situationen nützlich ist, in denen Sie keine Aufmerksamkeit auf sich ziehen möchten.

In familiären Umgebungen können Baofeng-Radios verwendet werden, um den Überblick über Kinder oder ältere Familienmitglieder zu behalten. Wenn Ihre Kinder beispielsweise draußen spielen oder Sie an einer großen Veranstaltung teilnehmen, stellen Sie durch die Bereitstellung von Radios sicher, dass sie Sie problemlos kontaktieren können, wenn sie Hilfe benötigen. Dies sorgt für Seelenfrieden und erhöht die Sicherheit durch die Aufrechterhaltung einer direkten Kommunikationslinie.

Nachbarschaftsüberwachungsprogramme profitieren von der Reichweite und Klarheit der Baofeng-Radios, die große Gebiete abdecken und Gebäude durchdringen können. Die Organisation regelmäßiger Check-ins und Patrouillen mithilfe dieser Funkgeräte trägt dazu bei, die Wachsamkeit aufrechtzuerhalten. Mitglieder können Patrouillenpläne koordinieren, Aktualisierungen ihrer Beobachtungen austauschen und bei Vorfällen schnell mobilisieren.

Zusätzlich zur Überwachung und Berichterstattung können Baofeng-Funkgeräte das Engagement der Gemeinschaft und proaktive Sicherheitsmaßnahmen erleichtern. Mitglieder können beispielsweise Radios nutzen, um Aufräumaktionen in der Nachbarschaft, Gemeindetreffen und Sicherheitsübungen zu organisieren. Diese Aktivitäten verbessern nicht nur die Nachbarschaft, sondern stärken auch das Gemeinschaftsgefühl und die kollektive Verantwortung für die Sicherheit.

Baofeng-Radios spielen auch eine entscheidende Rolle bei der Katastrophenvorsorge und -bewältigung. Bei Naturkatastrophen wie Erdbeben, Überschwemmungen oder Stürmen fallen herkömmliche Kommunikationsnetze häufig aus. Baofeng-Funkgeräte bieten eine zuverlässige Alternative und ermöglichen den Bewohnern die Kommunikation untereinander und mit

Rettungsdiensten. Die Organisation von Gemeinschaftsübungen und Schulungen zum Einsatz von Funkgeräten bei Katastrophen kann die Bereitschafts- und Reaktionsfähigkeiten erheblich verbessern.

Datenschutz und Sicherheit in der Kommunikation sind wichtige Aspekte. Die Verwendung von CTCSS- (Continuous Tone-Coded Squelch System) oder DCS- (Digital-Coded Squelch) Codes auf Ihrem Baofeng-Funkgerät kann dazu beitragen, Interferenzen zu reduzieren und sicherzustellen, dass nur Ihre Gruppe die Übertragungen hören kann. Dies ist besonders in dicht besiedelten Gebieten nützlich, in denen möglicherweise viele Menschen Radios nutzen.

Zum persönlichen Schutz kann das Mitführen eines Baofeng-Radios bei Alleinreisen, insbesondere in unbekannten oder abgelegenen Gebieten, lebensrettend sein. Wenn Sie in Schwierigkeiten geraten oder sich bedroht fühlen, können Sie über das Funkgerät Freunde, Familie oder den Rettungsdienst kontaktieren. Es ist außerdem ratsam, Ihr Radio griffbereit aufzubewahren und sicherzustellen, dass es vollständig aufgeladen ist, bevor Sie losfahren.

Nachbarschaftsüberwachungsprogramme können auch mit den örtlichen Strafverfolgungsbehörden zusammenarbeiten. Der Austausch von Informationen über Wachaktivitäten und die Integration der Baofeng-Funkkommunikation mit Polizeifrequenzen (sofern gesetzlich zulässig) können die Koordinations- und Reaktionszeiten verbessern. Die Strafverfolgungsbehörden können Hinweise zu wirksamen Kommunikationspraktiken geben und schneller auf Vorfälle reagieren, die über Nachbarschaftsüberwachungskanäle gemeldet werden.

Bei Gemeinschaftsveranstaltungen helfen Baofeng-Radios dabei, die Menschenmenge zu kontrollieren und die Sicherheit zu gewährleisten.

Organisatoren können Funkgeräte nutzen, um mit Freiwilligen zu kommunizieren, Aktivitäten zu koordinieren und auf Notfälle zu reagieren. Dieses Maß an Koordination ist von entscheidender Bedeutung, um Vorfälle zu verhindern und sie im Falle ihres Auftretens effizient zu bewältigen.

Baofeng-Funkgeräte erhöhen die persönliche und gemeinschaftliche Sicherheit durch zuverlässige, sofortige Kommunikation erheblich. In Nachbarschaftsüberwachungsprogrammen ermöglichen sie eine koordinierte Überwachung und Reaktion auf verdächtige Aktivitäten und stärken so die Wachsamkeit der Gemeinschaft. Zum persönlichen Schutz stellen sie im Notfall eine unverzichtbare Kommunikationsverbindung dar, egal ob zu Hause, auf Reisen oder im Freien. Durch die Integration von Baofeng-Funkgeräten in Sicherheitsprotokolle, die Durchführung regelmäßiger Schulungen und die Zusammenarbeit mit lokalen Behörden können Gemeinden robuste

Sicherheitsnetzwerke aufbauen, die die Bewohner schützen und eine sichere Umgebung fördern.

KAPITEL 5

Notfallvorsorge und Katastrophenkommunikation

Die Rolle von Funkgeräten in Notsituationen

Funkgeräte spielen in Notsituationen eine entscheidende Rolle, indem sie eine zuverlässige Kommunikation ermöglichen, wenn andere Systeme ausfallen. Bei Katastrophen können herkömmliche Kommunikationsnetze wie Telefonleitungen und Mobilfunkmasten überlastet oder beschädigt werden, was es schwierig macht, Hilfe zu rufen oder Maßnahmen zu koordinieren. Funkgeräte wie Baofeng-Funkgeräte bieten eine robuste und unabhängige Kommunikationsmethode, die in diesen Szenarien eine Lebensader sein kann.

Ein wesentlicher Vorteil von Funkgeräten ist ihre Fähigkeit, ohne externe Infrastruktur zu funktionieren. Im Gegensatz zu Mobiltelefonen, die auf Mobilfunkmasten angewiesen sind, arbeiten Funkgeräte auf dedizierten Frequenzen und können direkt miteinander kommunizieren. Dies macht sie besonders wertvoll bei Naturkatastrophen wie Erdbeben, Hurrikanen oder Waldbränden, bei denen die Infrastruktur beeinträchtigt werden kann. Bei solchen Ereignissen ermöglichen Funkgeräte Ersthelfern, Rettungsdiensten und Gemeindemitgliedern, den Kontakt aufrechtzuerhalten und Rettungsmaßnahmen zu koordinieren.

Während eines Erdbebens können beispielsweise Telefonleitungen ausfallen und Mobilfunknetze überlastet sein, was es schwierig macht, Rettungsdienste zu erreichen. Über Funkgeräte können Bewohner untereinander und mit dem Rettungspersonal kommunizieren, sich über ihren

Status informieren und Anweisungen zur Sicherheit erhalten. Community-Mitglieder können Funkgeräte verwenden, um ihre Standorte zu melden, Informationen über Gefahren auszutauschen und Hilfe anzufordern, um sicherzustellen, dass die Hilfe die Bedürftigen effizienter erreicht.

In Hurrikanszenarien, in denen es häufig zu großflächigen Stromausfällen und Überschwemmungen kommt, sind Funkgeräte sowohl für die Einsatzkräfte als auch für die betroffene Bevölkerung unverzichtbar. Notfallteams nutzen Funkgeräte, um Rettungseinsätze zu koordinieren, Ressourcen zu leiten und mit Notunterkünften zu kommunizieren. Anwohner können damit über Evakuierungsbefehle informiert bleiben, sichere Routen finden und Echtzeit-Updates über den Fortschritt des Sturms erhalten. Funkgeräte können auch die Kommunikation zwischen Nachbarn erleichtern und es ihnen ermöglichen, sich gegenseitig zu unterstützen und wichtige Ressourcen zu teilen.

Waldbrände stellen eine weitere Situation dar, in der Funkgeräte unerlässlich sind. Sich schnell ausbreitende Brände können die Kommunikationsnetze schnell unterbrechen und es den Rettungsdiensten erschweren, ihre Bemühungen zu koordinieren. Feuerwehrleute nutzen Funkgeräte, um über die Brandlinie hinweg zu kommunizieren, Informationen über das Brandverhalten auszutauschen und Evakuierungen zu verwalten. Anwohner in feuergefährdeten Gebieten verfügen häufig über Funkgeräte, um Evakuierungsalarme und Aktualisierungen zu Maßnahmen zur Brandeindämmung zu empfangen. Durch die Aufrechterhaltung einer klaren und konstanten Kommunikation tragen Funkgeräte dazu bei, in diesen schnelllebigen Notfällen Leben und Eigentum zu retten.

Neben Naturkatastrophen sind Funkgeräte auch bei von Menschen verursachten Notfällen wie Industrieunfällen oder Terroranschlägen von entscheidender Bedeutung. Wenn beispielsweise in einer Industrieanlage eine Chemikalie verschüttet wird, müssen Arbeiter und Einsatzkräfte schnell kommunizieren, um die Gefahr einzudämmen und den Bereich zu evakuieren. Funkgeräte ermöglichen eine sofortige, klare Kommunikation und ermöglichen schnelle Maßnahmen, die weiteren Schaden verhindern können. Ebenso stellen Funkgeräte nach einem Terroranschlag sicher, dass Rettungsdienste ihre Reaktionen koordinieren, den Tatort verwalten und der Öffentlichkeit genaue Informationen liefern können.

Funkgeräte sind auch für kommunale Notfallvorsorgepläne von entscheidender Bedeutung. Nachbarschaftswachgruppen, Community Emergency Response Teams (CERTs) und örtliche Freiwillige können Funkgeräte nutzen, um Übungen zu organisieren und durchzuführen und so sicherzustellen, dass jeder weiß, wie man die Ausrüstung benutzt und Notfallprotokolle befolgt. In einem tatsächlichen Notfall können diese

Gruppen schnell mobilisieren, indem sie Funkgeräte verwenden, um die Kommunikation aufrechtzuerhalten und ihre Bemühungen zu koordinieren. Diese Vorbereitung auf Gemeindeebene erhöht die allgemeine Widerstandsfähigkeit und kann die Auswirkungen von Katastrophen erheblich reduzieren.

Notfallausrüstungen enthalten häufig Funkgeräte als Standardkomponente, was ihre Bedeutung für die Vorbereitung unterstreicht. Familien werden ermutigt, Radios zusammen mit zusätzlichen Batterien und einer Liste der programmierten Frequenzen in ihren Notvorräten aufzubewahren. Zu wissen, wie die Funkgeräte zu verwenden sind und welche Kanäle zu verwenden sind, kann im Notfall einen erheblichen Unterschied machen. Eltern können ihren Kindern den Umgang mit den Radios beibringen und so sicherstellen, dass alle im Haushalt auf die Kommunikation vorbereitet sind, wenn sie getrennt werden.

Ein weiterer kritischer Aspekt von Funkgeräten in Notfällen ist ihre Rolle bei Such- und Rettungseinsätzen. Nach einer Katastrophe nutzen Such- und Rettungsteams Funkgeräte, um ihre Bemühungen zu koordinieren, Informationen über durchsuchte Gebiete auszutauschen und Ergebnisse zu melden. Diese Kommunikation ist für effiziente und effektive Einsätze unerlässlich und hilft dabei, Überlebende so schnell wie möglich zu lokalisieren und zu retten. Mithilfe von Funkgeräten können diese Teams außerdem mit den Kommandozentralen in Kontakt bleiben und so sicherstellen, dass sie rechtzeitig Aktualisierungen und Anweisungen erhalten.

Bei Notfällen größeren Ausmaßes, die ganze Regionen betreffen, etwa einem landesweiten Stromausfall oder einem größeren Terroranschlag, bieten Funkgeräte den Behörden die Möglichkeit, Informationen zu verbreiten und eine Reaktion zu koordinieren. Regierungsbehörden und Rettungsdienste können dedizierte Funkfrequenzen nutzen, um untereinander und mit der Öffentlichkeit zu kommunizieren und so sicherzustellen, dass genaue und aktuelle Informationen auch dann verfügbar sind, wenn andere Kommunikationskanäle ausfallen.

Funkgeräte erleichtern auch die Kommunikation zwischen verschiedenen Organisationen, die an Notfallmaßnahmen beteiligt sind. Polizei, Feuerwehr, medizinisches Team und Versorgungsunternehmen müssen bei einer Katastrophe häufig zusammenarbeiten. Mithilfe von Funkgeräten können diese unterschiedlichen Gruppen effektiv kommunizieren, Ressourcen teilen und ihre Bemühungen synchronisieren, was zu einer organisierteren und effizienteren Reaktion führt.

Zusammenfassend lässt sich sagen, dass Funkgeräte in Notsituationen unverzichtbar sind, um die Kommunikation aufrechtzuerhalten, wenn herkömmliche Systeme ausfallen. Ihre Fähigkeit, unabhängig von externer Infrastruktur zu agieren, eine zuverlässige Kommunikation über verschiedene Entfernungen bereitzustellen und die Koordination zwischen verschiedenen Gruppen zu unterstützen, macht sie zu einem entscheidenden Instrument bei der Katastrophenbewältigung und -vorsorge. Ob bei Naturkatastrophen, Industrieunfällen oder großen Notfällen – Funkgeräte sorgen dafür, dass Rettungsdienste und Gemeindemitglieder in Verbindung bleiben, wichtige Informationen austauschen und effektiv reagieren können, was letztendlich Leben rettet und die Auswirkungen dieser Krisen verringert.

Erstellen eines Notfallkommunikationsplans

Die Erstellung eines Notfallkommunikationsplans mit Baofeng-Funkgeräten umfasst mehrere wichtige Schritte, um sicherzustellen, dass Sie und Ihre Familie oder Gemeinde während einer Krise in Verbindung bleiben können. Der Prozess umfasst die Auswahl geeigneter Geräte, die Programmierung der Funkgeräte, die Einrichtung von Kommunikationsprotokollen und die Durchführung regelmäßiger Übungen. Wenn Sie diese Schritte befolgen, können Sie einen zuverlässigen und effektiven Plan erstellen, der die Sicherheit und Koordination in Notfällen verbessert.

Der erste Schritt bei der Erstellung eines Notfallkommunikationsplans besteht in der Auswahl der richtigen Ausrüstung. Baofeng-Radios sind aufgrund ihrer Erschwinglichkeit, Vielseitigkeit und benutzerfreundlichen Funktionen eine beliebte Wahl. Stellen Sie sicher, dass jedes Familienmitglied oder jeder wichtige Community-Teilnehmer über ein Radio verfügt. Es ist wichtig, zusätzliches Zubehör wie zusätzliche Akkus, Ladegeräte, Ohrhörer und Hochleistungsantennen in Betracht zu ziehen, um die Leistung der Funkgeräte zu verbessern und sicherzustellen, dass sie bei Bedarf einsatzbereit sind.

Die Programmierung der Funkgeräte ist ein entscheidender Teil der Einrichtung. Beginnen Sie damit, die Frequenzen zu identifizieren, die für die Kommunikation verwendet werden. Dazu können lokale Notruffrequenzen, Familien- oder Community-Kanäle und spezifische Frequenzen für verschiedene Teams oder Gruppen gehören. Mit Baofeng-Radios können Sie diese Frequenzen manuell programmieren oder Software wie Chirp verwenden, um den Vorgang zu vereinfachen. Stellen Sie sicher, dass alle Funkgeräte mit denselben Kanälen programmiert sind, um eine reibungslose Kommunikation zu gewährleisten.

Sobald die Funkgeräte programmiert sind, legen Sie klare Kommunikationsprotokolle fest. Entscheiden Sie sich für einen primären Kanal für die allgemeine Kommunikation und zusätzliche Kanäle für bestimmte Zwecke, wie z. B. Notfallwarnungen oder die Koordination mit lokalen Behörden. Erstellen Sie eine Liste dieser Kanäle und verteilen Sie diese an alle Teilnehmer. Es ist auch wichtig, jeder Person Rollen und Verantwortlichkeiten zuzuweisen. Benennen Sie beispielsweise einen Hauptkommunikator, jemanden, der für das Einchecken von Familienmitgliedern verantwortlich ist, und einen anderen für die Überwachung von Notfallkanälen.

Bei der Entwicklung eines Familienkommunikationsplans geht es darum, jedem beizubringen, wie man die Funkgeräte effektiv nutzt. Führen Sie Schulungen durch, um jedes Familienmitglied mit den Grundlagen des Radiobetriebs vertraut zu machen, einschließlich Ein- und Ausschalten des Radios, Auswahl von Kanälen, Einstellen der Lautstärke und Verwendung von Notfallfunktionen. Üben Sie die Verwendung gängiger Ausdrücke und Codes, um die Kommunikation zu optimieren und sicherzustellen, dass die Nachrichten klar und prägnant sind.

Für einen Gemeinschaftsplan sind Koordination und Zusammenarbeit von entscheidender Bedeutung.

Organisieren Sie Treffen mit Community-Mitgliedern, um den Kommunikationsplan zu besprechen und Radios zu verteilen. Erklären Sie bei diesen Treffen, wie wichtig ein zuverlässiges Kommunikationsnetzwerk ist und wie es in Notfällen helfen kann. Erstellen Sie einen Kommunikationsbaum, in dem jedes Mitglied dafür verantwortlich ist, sich mit einigen anderen in Verbindung zu setzen, um sicherzustellen, dass alle informiert und verbunden bleiben.

Regelmäßige Übungen sind für die Aufrechterhaltung eines effektiven Kommunikationsplans unerlässlich. Planen Sie regelmäßige Übungssitzungen ein, bei denen jeder seine Funkgeräte verwendet, um verschiedene Notfallszenarien zu simulicren. Diese Übungen helfen den Teilnehmern, sich mit der Ausrüstung und den Protokollen besser vertraut zu machen, alle Probleme zu identifizieren, die angegangen werden müssen, und die Bedeutung des

Kommunikationsplans zu unterstreichen. Sammeln Sie nach jeder Übung Feedback und nehmen Sie die notwendigen Anpassungen vor, um den Plan zu verbessern.

Ein weiterer wichtiger Schritt ist die Erstellung von Notfall-Kontaktkarten. Diese Karten sollten die primären und sekundären Kommunikationskanäle, wichtige Kontaktnummern und grundlegende Anweisungen zur Verwendung der Funkgeräte enthalten. Verteilen Sie diese Karten an alle Familienmitglieder und Community-Teilnehmer und stellen Sie dann sicher, dass sie an zugänglichen Orten aufbewahrt werden, z. B. in Brieftaschen, Notfallkoffern oder in der Nähe von Radios.

Im Notfall, wenn eine Evakuierung erforderlich ist, ist die Einrichtung eines Treffpunkts von entscheidender Bedeutung. Entscheiden Sie sich für einen primären und einen sekundären Ort, an dem sich Familienmitglieder oder Gemeindeteilnehmer treffen können, wenn eine Kommunikation per Funk nicht möglich ist. Stellen Sie sicher, dass jeder diese Orte kennt und sie sicher erreichen kann.

Erwägen Sie nicht nur die Programmierung lokaler Notruffrequenzen, sondern auch die Programmierung von Wetterkanälen in Ihren Funkgeräten. Dadurch erhalten Sie Echtzeit-Updates zu den Wetterbedingungen, was bei Naturkatastrophen wie Hurrikanen oder schweren Stürmen von entscheidender Bedeutung sein kann. Sich über Wetteränderungen auf dem Laufenden zu halten, hilft dabei, rechtzeitig Entscheidungen zu treffen und geeignete Maßnahmen zu ergreifen.

Das Batteriemanagement ist ein oft übersehener Aspekt bei der Aufrechterhaltung eines Notfallkommunikationsplans. Stellen Sie sicher, dass alle Funkgeräte aufgeladen sind und Ersatzbatterien verfügbar sind. Ermutigen Sie die Teilnehmer, ihre Funkgeräte regelmäßig zu überprüfen, um sicherzustellen, dass sie ordnungsgemäß funktionieren. Für eine längerfristige Vorbereitung sollten Sie Solarladegeräte oder Ladegeräte mit Handkurbel in Betracht ziehen, um die Funkgeräte auch bei längeren Stromausfällen betriebsbereit zu halten.

Die Zusammenarbeit mit örtlichen Rettungsdiensten kann die Wirksamkeit Ihres Kommunikationsplans verbessern. Wenden Sie sich an die örtliche Polizei, die Feuerwehr und den Rettungsdienst, um sie über den Kommunikationsplan Ihrer Gemeinde zu informieren und Möglichkeiten zu finden, Ihre Bemühungen mit denen ihrer Gemeinde zu integrieren. In einigen Gebieten können Gemeindegruppen möglicherweise direkt über Funk mit den Rettungsdiensten koordinieren und so bei Krisen eine zusätzliche Unterstützungsebene bieten.

Schließlich sind Bildung und Sensibilisierung Schlüsselkomponenten eines erfolgreichen Notfallkommunikationsplans. Informieren Sie alle

Teilnehmer regelmäßig über Änderungen am Plan, neue Frequenzen oder zusätzliche Protokolle. Fördern Sie kontinuierliches Lernen und die Anpassung an neue Technologien oder Best Practices in der Notfallkommunikation. Die Information und Vorbereitung aller Beteiligten trägt zum Aufbau einer belastbaren und reaktionsfähigen Community bei.

Zusammenfassend lässt sich sagen, dass die Erstellung eines Notfallkommunikationsplans mit Baofeng-Funkgeräten die Auswahl der richtigen Ausrüstung, die Programmierung der Funkgeräte mit geeigneten Frequenzen, die Erstellung klarer Kommunikationsprotokolle sowie die Durchführung regelmäßiger Schulungen und Übungen umfasst. Indem Sie Familienmitglieder und Gemeindemitglieder in den Prozess einbeziehen, ein ordnungsgemäßes Batteriemanagement sicherstellen und mit den örtlichen Rettungsdiensten zusammenarbeiten, können Sie ein robustes und zuverlässiges

Kommunikationsnetzwerk schaffen, das die Sicherheit und Koordination bei Notfällen verbessert. Regelmäßige Aktualisierungen und kontinuierliche Weiterbildung stellen sicher, dass der Plan wirksam bleibt und auf sich ändernde Bedürfnisse und Situationen reagiert.

Kommunikation bei Naturkatastrophen

Bei Naturkatastrophen wie Hurrikanen, Erdbeben und Überschwemmungen ist Kommunikation für Sicherheit und Koordination von entscheidender Bedeutung. Baofeng-Funkgeräte können in diesen Situationen wertvolle Hilfsmittel sein und eine zuverlässige Kommunikation ermöglichen, wenn andere Methoden versagen. Hier finden Sie detaillierte Anweisungen zur Verwendung von Baofeng-Funkgeräten bei Naturkatastrophen sowie Tipps zur Aufrechterhaltung der Kommunikation und Sicherheit.

1. Vor der Katastrophe

- Stellen Sie sicher, dass alle Familienmitglieder oder Gemeindeteilnehmer Zugang zu einem Baofeng-Radio haben und mit dessen Bedienung vertraut sind.

- Programmieren Sie die Funkgeräte mit relevanten Frequenzen, einschließlich lokaler Notrufkanäle, Wetterkanäle und ausgewiesener Familien- oder Gemeinschaftskanäle.

- Führen Sie Übungen durch und üben Sie den Einsatz der Funkgeräte, um verschiedene Katastrophenszenarien zu simulieren, und stellen Sie sicher, dass jeder weiß, wie man sie effektiv bedient.

- Bewahren Sie Ersatzbatterien, Ladegeräte und Zubehör wie Ohrhörer und Antennen in Ihrer Notfallausrüstung auf.

2. Während der Katastrophe

- Wenn Sie vor einer drohenden Katastrophe gewarnt werden, prüfen Sie, ob Ihre Funkgeräte vollständig aufgeladen und in Reichweite sind.

- Überwachen Sie Wetteraktualisierungen auf Ihrem Baofeng-Radio, um über die Situation und alle Evakuierungsbefehle oder -warnungen informiert zu bleiben.

- Wenn eine Evakuierung erforderlich ist, nehmen Sie Ihr Baofeng-Radio mit und stellen Sie sicher, dass jeder in Ihrer Gruppe eines hat.

- Wenn Sie zu Hause oder in einer Notunterkunft bleiben, lassen Sie Ihr Radio eingeschaltet und stellen Sie die örtlichen Notrufkanäle ein, um Aktualisierungen und Anweisungen zu erhalten.

3. Aufrechterhaltung der Kommunikation

- Legen Sie einen primären Kommunikationskanal für Ihre Familie oder Gemeinde fest und stellen Sie sicher, dass jeder weiß, welchen Kanal er verwenden soll.

- Legen Sie Kommunikationsprotokolle fest, z. B. Check-in-Zeiten oder spezifische Formulierungen für verschiedene Situationen, um die

Kommunikation zu optimieren und Verwirrung zu vermeiden.

- Verwenden Sie bei der Kommunikation über Funk eine einfache und klare Sprache und halten Sie die Nachrichten kurz und auf den Punkt.

- Melden Sie sich regelmäßig bei Familienmitgliedern oder Community-Teilnehmern, um sicherzustellen, dass alle in Sicherheit sind und zur Rechenschaft gezogen werden.

- Wenn Sie Schwierigkeiten haben, jemanden über Funk zu erreichen, probieren Sie verschiedene Kanäle oder Standorte aus, um den Signalempfang zu verbessern.

4. Sicherheitstipps

- Bleiben Sie bei Hurrikanen oder schweren Stürmen drinnen und fern von Fenstern, um Verletzungen durch umherfliegende Trümmer zu vermeiden.

- Wenn Sie evakuieren, folgen Sie den ausgewiesenen Evakuierungswegen und befolgen Sie die Anweisungen der örtlichen Behörden.

- Lassen Sie sich in erdbebengefährdeten Gebieten während der Erschütterungen fallen, decken Sie es ab und halten Sie sich fest. Verwenden Sie dann Ihr Funkgerät, um bei Bedarf Hilfe zu rufen.

- Seien Sie sich potenzieller Gefahren wie heruntergefallener Stromleitungen, Überschwemmungen oder instabiler Strukturen bewusst und gehen Sie beim Navigieren in Ihrer Umgebung vorsichtig vor.

- Wenn Sie eingeklemmt oder verletzt sind, rufen Sie über Ihr Funkgerät Hilfe an und teilen Sie den Rettern Ihren Standort und Ihren Zustand mit.

5. Nach der Katastrophe

- Verwenden Sie Ihr Baofeng-Radio, um mit Familienmitgliedern, Nachbarn oder Rettungsdiensten zu kommunizieren, um Schäden zu melden oder Hilfe anzufordern.

- Seien Sie geduldig und beharrlich, wenn Sie versuchen, jemanden über Funk zu erreichen, da eine Überlastung des Netzwerks oder Schäden an der Infrastruktur zu Verzögerungen führen können.

- Achten Sie über Ihr Funkgerät auf Aktualisierungen und Anweisungen der örtlichen Behörden und befolgen Sie deren Anweisungen für Wiederherstellungsbemühungen.

- Wenn Sie sicher und dazu in der Lage sind, bieten Sie anderen in Ihrer Gemeinde Hilfe an, die möglicherweise Hilfe oder Unterstützung benötigen.

6. Zusätzliche Tipps

- Verwenden Sie Zubehör wie Ohrhörer oder externe Antennen, um die Audioqualität und den Signalempfang zu verbessern, insbesondere in lauten oder abgelegenen Umgebungen.

- Schützen Sie Ihr Radio vor Wasser, Staub und extremen Temperaturen, um sicherzustellen, dass es in Notfällen funktionsfähig bleibt.

- Befolgen Sie die Funketikette, indem Sie vor dem Senden auf einen freien Kanal warten und unnötiges Geschwätz vermeiden, das die Notfallkommunikation stören könnte.

- Machen Sie sich mit den örtlichen Notfallverfahren und -ressourcen vertraut, z. B. mit Evakuierungswegen, Notunterkünften und Kontaktnummern für Rettungsdienste.

Wenn Sie diese Anweisungen und Tipps befolgen, können Sie Baofeng-Funkgeräte bei Naturkatastrophen effektiv nutzen, um die Kommunikation aufrechtzuerhalten, Reaktionsmaßnahmen zu koordinieren und die Sicherheit von Ihnen und anderen zu gewährleisten.

Denken Sie daran, in Notfällen Ruhe zu bewahren, informiert zu bleiben und in Verbindung zu bleiben und Ihr Funkgerät verantwortungsvoll zu nutzen, um seine Wirksamkeit als lebensrettendes Hilfsmittel zu maximieren.

Bleiben Sie informiert: Überwachung von Notrufsendungen und Wetterkanälen

Die Verwendung von Baofeng-Funkgeräten zur Überwachung von Notrufsendungen und Wetterkanälen ist ein unkomplizierter Vorgang, der Ihnen dabei helfen kann, in Notfällen informiert und vorbereitet zu bleiben. Baofeng-Radios sind mit einem integrierten UKW-Radioempfänger ausgestattet, sodass Sie lokale Sender einstellen können, um Notfallaktualisierungen und Wettervorhersagen zu erhalten. Darüber hinaus können Sie bestimmte Frequenzen in Ihr Funkgerät programmieren, um auf spezielle Notfallkanäle und Wetterstationen zuzugreifen.

Um Notrufe und Wetterkanäle auf Ihrem Baofeng-Radio zu überwachen, machen Sie sich zunächst mit der UKW-Radiofunktion vertraut. Suchen Sie den UKW-Radiomodus auf Ihrem Radio und wechseln Sie mit der Modusauswahltaste dorthin. Sobald Sie sich im FM-Modus befinden, verwenden Sie den Abstimmknopf oder die Tastatur, um die gewünschte Frequenz auszuwählen. Durchsuchen Sie das UKW-Band, um lokale Sender zu finden, die Notfallwarnungen und Wetteraktualisierungen senden.

Viele Baofeng-Radios verfügen außerdem über eine Funktion namens „VFO-Modus", die es Ihnen ermöglicht, bestimmte Frequenzen zur Überwachung manuell einzugeben. Um den VFO-Modus zu verwenden, geben Sie die gewünschte Frequenz über die Tastatur oder den Abstimmknopf ein. Erkundigen Sie sich bei Ihrer örtlichen Notfallbehörde oder Ihrem Wetterdienst nach den Frequenzen spezieller Notfallkanäle und Wetterstationen in Ihrer Nähe. Diese Frequenzen können je nach Standort und den in Ihrer Region verfügbaren Diensten variieren.

Zusätzlich zum UKW-Radio und VFO-Modus können Baofeng-Radios mit bestimmten

Frequenzen für Notrufkanäle und Wetterstationen programmiert werden. Mithilfe von Software wie Chirp oder manueller Programmierung der Frequenzen in Ihrem Funkgerät können Sie in Notfällen einen schnellen Zugriff auf diese Kanäle sicherstellen. Erkundigen Sie sich bei den örtlichen Behörden oder Katastrophenschutzbehörden nach den empfohlenen Frequenzen, die Sie in Ihr Funkgerät einprogrammieren können.

Sobald Sie die Frequenzen in Ihrem Baofeng-Radio programmiert haben, ist der Zugriff auf Notrufsendungen und Wetterkanäle so einfach wie die Auswahl des entsprechenden Kanals aus dem Speicher Ihres Radios. Speichern Sie die Frequenzen wichtiger Kanäle im Speicher Ihres Radios, um im Notfall leicht darauf zugreifen zu können. Beschriften Sie die Kanäle mit aussagekräftigen Namen, um ihren Zweck schnell zu erkennen.

Achten Sie beim Überwachen von Notrufsendungen und Wetterkanälen auf Ihrem Baofeng-Radio auf alle Warnungen oder Aktualisierungen, die von örtlichen Behörden oder Wetterdiensten ausgegeben werden. Achten Sie auf Informationen zu Unwetterwarnungen, Evakuierungsbefehlen, Straßensperrungen und anderen Notfallsituationen, die Ihre Sicherheit beeinträchtigen können. Befolgen Sie die Anweisungen der Behörden und ergreifen Sie geeignete Maßnahmen, um sich und Ihre Familie zu schützen.

Zusammenfassend lässt sich sagen, dass Baofeng-Radios zur Überwachung von Notrufen und Wetterkanälen verwendet werden können, indem man UKW-Radiosender einstellt, den VFO-Modus zur manuellen Eingabe von Frequenzen verwendet oder bestimmte Frequenzen in den Speicher des Radios programmiert. Bleiben Sie auf dem Laufenden, indem Sie bei Notfällen auf Updates und Warnungen von lokalen Behörden und Wetterdiensten achten. Indem Sie wachsam und vorbereitet bleiben, können Sie Ihr Baofeng-Radio effektiv nutzen, um in Notfällen informiert und sicher zu bleiben.

KAPITEL 6

Rechtliche und ethische Überlegungen

Verständnis der FCC-Bestimmungen und Lizenzanforderungen

Das Verständnis der FCC-Bestimmungen und Lizenzanforderungen für die Verwendung von Baofeng-Funkgeräten ist von entscheidender Bedeutung, um sicherzustellen, dass Sie diese Geräte legal und verantwortungsbewusst betreiben. Die Federal Communications Commission (FCC) regelt die Funkkommunikation in den Vereinigten Staaten, um Störungen zu verhindern und eine ordnungsgemäße Nutzung des Funkspektrums aufrechtzuerhalten. Baofeng-Funkgeräte, die wegen ihrer Erschwinglichkeit und Vielseitigkeit beliebt sind, können bei mehreren von der FCC regulierten Funkdiensten verwendet werden, darunter dem Family Radio Service (FRS), dem General Mobile Radio Service (GMRS) und dem Amateur Radio Service (HAM). Hier ist ein detaillierter Leitfaden, der Ihnen hilft, sich in diesen Vorschriften zurechtzufinden und die erforderlichen Lizenzen zu erhalten.

Die FCC regelt die Nutzung von Funkfrequenzen durch eine Reihe von Regeln, die darauf abzielen, Störungen zu verhindern und eine effiziente Nutzung des Spektrums sicherzustellen. Diese Regeln sind in verschiedenen Teilen der FCC-Bestimmungen dargelegt, insbesondere in den Teilen 95 und 97 für Privat- bzw. Amateurfunkdienste. Baofeng-Radios können auf verschiedenen Bändern betrieben werden. Wenn Sie wissen, welchen Dienst Sie nutzen, können Sie feststellen, ob Sie eine Lizenz benötigen und welche Einschränkungen gelten.

Familienradiodienst (FRS)

FRS ist für die Kurzstrecken-, Privat- und Familienkommunikation gedacht. FRS-Funkgeräte arbeiten normalerweise auf 22 spezifischen Kanälen im 462- und 467-MHz-Band. Diese Radios haben eine maximale Ausgangsleistung von 2 Watt und benötigen für den Betrieb keine Lizenz. FRS ist auf Benutzerfreundlichkeit ausgelegt und eignet sich für Aktivitäten wie Wandern, Camping oder die Koordination mit Familienmitgliedern in der Nachbarschaft. Da es sich bei FRS um einen lizenzfreien Dienst handelt, kann ihn jeder nutzen, auch Kinder, sofern sie sich an die Leistungsgrenzen halten und die vorgesehenen Kanäle nutzen.

Allgemeiner Mobilfunkdienst (GMRS)

GMRS ähnelt FRS, ermöglicht jedoch eine höhere Ausgangsleistung, was eine größere Reichweite bedeutet. GMRS-Funkgeräte können mit bis zu 50 Watt Leistung betrieben werden und können mit Repeatern ihre Reichweite noch weiter vergrößern.

GMRS nutzt auch die 462- und 467-MHz-Bänder, umfasst jedoch zusätzliche Frequenzen, die FRS-Benutzern nicht zur Verfügung stehen. Im Gegensatz zu FRS erfordert GMRS eine Lizenz der FCC. Die GMRS-Lizenz ist zehn Jahre lang gültig und gilt für den Lizenznehmer und seine unmittelbaren Familienangehörigen. Um eine GMRS-Lizenz zu erhalten, müssen Sie das FCC-Formular 605 ausfüllen und die erforderliche Gebühr bezahlen. Für diese Lizenz ist kein Test erforderlich, sodass sie für die meisten Menschen zugänglich ist.

Amateurfunkdienst (HAM)

Der Amateurfunkdienst, allgemein bekannt als HAM-Radio, bietet die größte Flexibilität und Reichweite unter den persönlichen Funkdiensten. Amateurfunker oder „Hams" können ein breites Spektrum an Frequenzen über mehrere Bänder hinweg nutzen und über sehr große Entfernungen, sogar weltweit, kommunizieren. Für Amateurfunk ist jedoch eine Lizenz erforderlich, und es gibt drei Lizenzstufen: Techniker, Allgemein und Amateur Extra. Jede Stufe gewährt Zugriff auf mehr Frequenzen und höhere Leistungsstufen. Um eine Amateurfunklizenz zu erhalten, müssen Sie eine Prüfung bestehen, die Ihr Wissen über Funktheorie, Vorschriften und Betriebspraktiken prüft. Die Prüfungen werden von freiwilligen Prüfern (VEs) durchgeführt, die der FCC angeschlossen sind.

Lizenzen verstehen und erhalten

1. **FRS:** Wie bereits erwähnt, ist für FRS keine Lizenz erforderlich. Kaufen Sie einfach ein FRS-fähiges Baofeng-Radio, stellen Sie sicher, dass es innerhalb der gesetzlichen Parameter (2 Watt oder weniger) arbeitet, und schon sind Sie bereit, auf den vorgesehenen Kanälen zu kommunizieren.

2. **GMRS:** Für den Betrieb auf GMRS-Frequenzen benötigen Sie eine GMRS-Lizenz von der FCC. Der Prozess umfasst:

- Besuch der Website des Universal Licensing System (ULS) der FCC.
- Erstellen einer FCC-Registrierungsnummer (FRN), falls Sie noch keine haben.
- Ausfüllen des FCC-Formulars 605, bei dem es sich um den Antrag auf eine GMRS-Lizenz handelt.
- Zahlung der Lizenzgebühr, die derzeit für eine zehnjährige Lizenz etwa 70 US-Dollar beträgt.
- Sobald der Antrag eingereicht und die Gebühr bezahlt ist, wird die FCC Ihren Antrag bearbeiten und Sie erhalten Ihre Lizenz elektronisch.

3. Amateurfunk: Um eine Amateurfunklizenz zu erhalten, muss eine Prüfung bestanden werden. So können Sie loslegen:

- Lernen Sie für die Prüfung mithilfe von Ressourcen, die online oder von örtlichen Amateurfunkclubs verfügbar sind. Die Technikerklassenlizenz, die das Einstiegsniveau darstellt, erfordert Kenntnisse der grundlegenden Funktheorie, Betriebspraktiken und FCC-Vorschriften.

- Planen Sie Ihre Prüfung mit einem ehrenamtlichen Prüferkoordinator (VEC). Die American Radio Relay League (ARRL) und andere Organisationen bieten Informationen dazu, wie Sie eine Testsitzung in Ihrer Nähe finden.

- Nehmen Sie an der Technikerprüfung teil und bestehen Sie sie. Nach dem Bestehen erhalten Sie ein Rufzeichen und können mit dem Betrieb auf den für Lizenznehmer der Technikerklasse zugelassenen Frequenzen beginnen.

- Falls gewünscht, können Sie Ihr Studium fortsetzen und zusätzliche Prüfungen bestehen, um allgemeine und Amateur-Extra-Klassenlizenzen zu erhalten, die den Zugang zu mehr Frequenzen und höheren Leistungsstufen ermöglichen.

Ethische Überlegungen und verantwortungsvoller Umgang

Bei der Einhaltung der FCC-Vorschriften geht es nicht nur um die Legalität; Es beinhaltet auch ethische Überlegungen, um eine verantwortungsvolle Nutzung des Funkspektrums sicherzustellen. Hier sind einige wichtige ethische Praktiken:

- **Störungen vermeiden:** Verwenden Sie nur die Frequenzen und Leistungsstufen, zu deren Nutzung Sie berechtigt sind. Die absichtliche oder versehentliche Beeinträchtigung anderer Kommunikation kann wichtige Dienste stören und ist illegal.

- **Privatsphäre und Respekt:** Respektieren Sie die Privatsphäre anderer Benutzer. Belauschen Sie keine privaten Gespräche und nutzen Sie das Radio nicht für böswillige Zwecke. Vermeiden Sie die Übermittlung unangemessener oder anstößiger Inhalte.

- **Notfallkommunikation:** In Notfällen ist die Funkkommunikation von entscheidender Bedeutung. Gehen Sie verantwortungsvoll mit Ihrem Funkgerät um, um die Kommunikation zu erleichtern und anderen zu helfen. Machen Sie sich mit den Notfallfrequenzen und -protokollen vertraut.

- **Wartung der Ausrüstung:** Überprüfen und warten Sie Ihre Funkgeräte regelmäßig, um sicherzustellen, dass sie ordnungsgemäß funktionieren. Schlecht gewartete Geräte können Störungen verursachen und die Effizienz des Spektrums verringern.
- **Fortlaufendes Lernen:** Bleiben Sie über Änderungen der Vorschriften und Best Practices auf dem Laufenden. Treten Sie mit der Radio-Community in Kontakt, um Wissen und Erfahrungen auszutauschen.

Internationale Vorschriften:
Während sich dieser Leitfaden auf die FCC-Vorschriften in den Vereinigten Staaten konzentriert, gibt es in anderen Ländern ähnliche Aufsichtsbehörden. Jedes Land hat seine eigenen Regeln und Lizenzanforderungen. Zum Beispiel:
- In Kanada regelt Industry Canada (IC) die Funkkommunikation.
- Im Vereinigten Königreich überwacht Ofcom die Funkkommunikation.

- In Australien ist die Australian Communications and Media Authority (ACMA) die Regulierungsbehörde.

Recherchieren und verstehen Sie die spezifischen Anforderungen in Ihrem Land, um sicherzustellen, dass Sie die örtlichen Gesetze und Vorschriften einhalten. Viele Länder beteiligen sich auch an internationalen Abkommen, beispielsweise den von der Internationalen Fernmeldeunion (ITU) koordinierten, zur Verwaltung der weltweiten Nutzung von Funkfrequenzen.

Das Verständnis der FCC-Bestimmungen und Lizenzanforderungen ist für die legale und ethische Nutzung von Baofeng-Funkgeräten von entscheidender Bedeutung. Indem Sie sich mit den Regeln für FRS-, GMRS- und HAM-Funkdienste vertraut machen und anschließend die erforderlichen Lizenzen erwerben, können Sie die Vorteile der Funkkommunikation nutzen und gleichzeitig die gesetzlichen Standards einhalten. Unabhängig davon, ob Sie Ihr Baofeng-Funkgerät für die persönliche Kommunikation, zur Notfallvorsorge oder als Hobby nutzen, trägt ein verantwortungsvoller und informierter Umgang dazu bei, die Integrität und Effizienz des Funkspektrums für alle zu wahren. Treten Sie mit der breiteren Radio-Community in Kontakt, bleiben Sie über regulatorische Änderungen auf dem Laufenden und bilden Sie sich weiter, um sicherzustellen, dass Ihre Radionutzung weiterhin konform und vorteilhaft bleibt.

Ethischer Umgang mit Funkgeräten

Bei der Verwendung von Funkgeräten ist das Verständnis und die Einhaltung ethischer Gesichtspunkte ebenso wichtig wie die Einhaltung gesetzlicher Vorschriften. Diese Praktiken gewährleisten eine respektvolle, effiziente und störungsfreie Kommunikation. Hier sind einige wichtige ethische Überlegungen für Benutzer von Funkgeräten.

Die Wahrung der Privatsphäre ist von grundlegender Bedeutung. Funkgeräte arbeiten oft auf gemeinsamen Frequenzen, was bedeutet, dass mehrere Benutzer auf dieselben Kanäle zugreifen können. Gespräche, die über diese Funkgeräte geführt werden, können von anderen leicht mitgehört werden. Daher ist es wichtig, die Übermittlung sensibler oder privater Informationen zu vermeiden, die die persönliche oder berufliche Privatsphäre gefährden könnten. Gehen Sie immer davon aus, dass Ihre Kommunikation möglicherweise von unbeabsichtigten Zuhörern gehört wird, und wahren Sie bei dem, was Sie mitteilen, ein gewisses Maß an Diskretion.

Die Vermeidung von Eingriffen ist eine weitere wichtige ethische Praxis. Funkgeräte können bei unsachgemäßer Verwendung Störungen verursachen und möglicherweise andere Kommunikationen stören. Dies ist besonders wichtig in Umgebungen wie Rettungsdiensten, der Luftfahrt und öffentlichen Veranstaltungen, in denen eine klare und unterbrechungsfreie Kommunikation von entscheidender Bedeutung ist. Um Störungen zu minimieren, verwenden Sie nur die für Ihre Kommunikation erforderliche Leistungsstufe und vermeiden Sie die Verwendung von Frequenzen, für die Sie nicht autorisiert sind. Halten Sie die Übertragungen bei der Kommunikation prägnant und klar, um den Kanal für andere freizugeben.

Auch die richtige Etikette spielt eine wichtige Rolle bei der ethischen Radionutzung. Nutzen Sie etablierte Kommunikationsprotokolle, wie zum Beispiel, dass Sie sich zu Beginn jeder Übertragung identifizieren und bestätigen, wenn Sie eine Nachricht erhalten haben. Dies hilft, Verwirrung zu vermeiden und stellt sicher, dass Nachrichten klar verstanden werden. Vermeiden Sie die Verwendung von Slang oder unangemessener Sprache und achten Sie auf Ihren Ton, insbesondere im beruflichen oder Notfallkontext.

Besondere Aufmerksamkeit verdient die Notfallkommunikation. In Notfällen können Funkgeräte eine Lebensader sein und wichtige Informationen und Koordination bereitstellen. Wenn ein Notfall ausgerufen wird, sollten nicht unbedingt notwendige Kommunikationen sofort eingestellt werden, um den Kanal für den Notfallverkehr offen zu halten. Wenn Sie auf eine Notfallübertragung stoßen, unterbrechen Sie alle anderen Kommunikationen und hören Sie zu, um bei Bedarf Hilfe zu leisten. Der Missbrauch von Notrufkanälen ist nicht nur unethisch, sondern kann auch gefährlich sein und ist oft illegal.

Darüber hinaus sind eine verantwortungsvolle Nutzung und Wartung der Geräte unerlässlich. Stellen Sie sicher, dass Ihre Funkausrüstung ordnungsgemäß funktioniert, um versehentliche Störungen oder Übertragungsfehler zu vermeiden. Überprüfen Sie Ihr Gerät regelmäßig auf technische Probleme wie Akkulaufzeit, Signalklarheit und richtige Abstimmung. Die Verwendung fehlerhafter

Geräte kann zu unbeabsichtigten Störungen und Kommunikationsausfällen führen.

Ein weiterer wichtiger ethischer Aspekt sind die Auswirkungen auf die Umwelt. Viele Funkgeräte verwenden Batterien, die bei unsachgemäßer Entsorgung schädlich für die Umwelt sein können. Verwenden Sie nach Möglichkeit wiederaufladbare Batterien, um Abfall zu reduzieren, und befolgen Sie stets die örtlichen Vorschriften zur Batterieentsorgung. Berücksichtigen Sie außerdem die Auswirkungen Ihrer Kommunikationspraktiken auf die Tierwelt, insbesondere wenn Sie in Natur- oder Schutzgebieten tätig sind. Übermäßiger Lärm oder Störungen können Tiere stören und ihren Lebensraum stören.

Zum ethischen Gebrauch gehören auch Aufklärung und Sensibilisierung. Bleiben Sie über die Regeln und Best Practices für die Funkkommunikation informiert. Nehmen Sie an Schulungen teil oder treten Sie Radioclubs bei, in denen Sie von erfahrenen Betreibern lernen können. Der Wissensaustausch und die Förderung ethischer Praktiken innerhalb der Radio-Community tragen dazu bei, dass alle Benutzer effektiv und verantwortungsbewusst kommunizieren können.

Der Respekt der Gemeinschaft ist ein weiterer Aspekt der ethischen Radionutzung. Erkennen Sie, dass Funkfrequenzen eine gemeinsame Ressource sind. Seien Sie geduldig und höflich, wenn Sie auf einen freien Kanal warten, und vermeiden Sie es, Frequenzen durch unnötiges Geschwätz zu monopolisieren. Wenn Sie hören, dass andere Benutzer Schwierigkeiten haben, bieten Sie Hilfe an, sofern dies ohne zusätzliche Störungen möglich ist. Der Aufbau einer unterstützenden und respektvollen Radio-Community verbessert das Gesamterlebnis für alle Beteiligten.

Es ist wichtig, Inklusivität und Zugänglichkeit in der Funkkommunikation zu fördern. Ermutigen und unterstützen Sie neue Benutzer und helfen Sie ihnen, sowohl die technischen als auch ethischen Aspekte der Verwendung von Funkgeräten zu verstehen. Schaffen Sie eine Umgebung, in der sich alle Benutzer, unabhängig von ihrem Erfahrungsniveau, willkommen fühlen und einen Beitrag leisten können. Durch die Förderung einer Kultur des Respekts und der Zusammenarbeit kann die Radiogemeinschaft gedeihen und ihren Mitgliedern und der breiten Öffentlichkeit einen wertvollen Dienst bieten.

Zur ethischen Nutzung von Funkgeräten gehört die Wahrung der Privatsphäre, die Vermeidung von Störungen, die Einhaltung der richtigen Etikette, die Priorisierung der Notfallkommunikation, die verantwortungsvolle Wartung der Ausrüstung, die Berücksichtigung der Auswirkungen auf die Umwelt, die Aufrechterhaltung der Bildung, der Respekt vor der Gemeinschaft und die Förderung von Inklusion. Durch die Einhaltung dieser Grundsätze können Radionutzer sicherstellen, dass ihre Kommunikation effektiv, respektvoll und für alle von Nutzen ist.

Datenschutzbedenken und Best Practices

Funkgeräte sind unschätzbar wertvolle Hilfsmittel für die Kommunikation in verschiedenen Umgebungen, sie bringen jedoch gewisse Bedenken hinsichtlich der Privatsphäre mit sich. Für eine sichere und effektive Nutzung ist es von entscheidender Bedeutung, diese Bedenken zu verstehen und Best Practices zur Wahrung von Datenschutz und Sicherheit umzusetzen.

Eines der größten Datenschutzprobleme bei Funkgeräten besteht darin, dass sie auf offenen Frequenzen arbeiten, was bedeutet, dass potenziell jeder mit einem ähnlichen Gerät Gespräche mithören kann. Dieser Mangel an Verschlüsselung macht es unbefugten Zuhörern leicht, die Kommunikation abzufangen, was zu potenziellen Verstößen gegen vertrauliche Informationen führen kann. Um dieses Risiko zu mindern, sollten Benutzer es vermeiden, vertrauliche oder sensible Themen über Funk zu besprechen. Stattdessen sollten sie solche Gespräche sicheren Kommunikationsmethoden wie verschlüsselten Messaging-Apps oder persönlichen Treffen vorbehalten.

Ein weiteres Datenschutzrisiko ist die versehentliche Weitergabe personenbezogener Daten. In der Hektik der Kommunikation, insbesondere bei Notfällen oder geschäftigen Veranstaltungen, kann es passieren, dass Benutzer versehentlich persönliche Daten wie Namen, Adressen oder Telefonnummern übermitteln. Um dies zu verhindern, ist es wichtig, sich die Verwendung von Codewörtern oder vorher festgelegten Signalen zur Übermittlung vertraulicher Informationen anzueignen. Anstatt beispielsweise eine vollständige Adresse anzugeben, könnten Sie einen vordefinierten Code verwenden, den nur Ihre Gruppe versteht.

Der Datenschutz des Kanals ist ein weiteres wichtiges Thema. Viele Benutzer teilen sich möglicherweise die gleichen Frequenzen, was zu überlappenden Kommunikationen und potenziellem Abhören führen kann. Die Verwendung des Continuous Tone-Coded Squelch Systems (CTCSS) oder des Digital Coded Squelch (DCS) kann dabei helfen, unerwünschte Kommunikation durch die Verwendung spezifischer nicht hörbarer Töne herauszufiltern. Obwohl diese Töne keine echte Verschlüsselung bieten, können sie die Wahrscheinlichkeit von Störungen durch andere Benutzer auf derselben Frequenz verringern.

Um die Privatsphäre weiter zu verbessern, kann ein regelmäßiger Wechsel der Frequenzen oder Kanäle eine wirksame Strategie sein. Diese als Frequency Hopping bekannte Praxis erschwert es unbefugten Zuhörern, Gesprächen zu folgen. Es erfordert jedoch eine Koordination aller Benutzer, um sicherzustellen, dass sich alle gleichzeitig auf demselben Kanal befinden. Um Verwirrung zu vermeiden, sind eine Vorplanung und klare Protokolle für Frequenzänderungen unerlässlich.

Die Verwendung von Ohrhörern und Headsets ist eine weitere praktische Maßnahme zur Wahrung der Privatsphäre. Dieses Zubehör verhindert, dass der Ton des Radios von Personen in der Nähe gehört wird, was besonders in überfüllten oder öffentlichen Bereichen nützlich ist. Sie ermöglichen außerdem eine freihändige Bedienung und erleichtern so die diskrete Kommunikation.

Für diejenigen, die Baofeng- oder ähnliche Funkgeräte verwenden, kann die Programmierung der Funkgeräte auf die niedrigste effektive Leistungseinstellung dazu beitragen, die Reichweite Ihrer Übertragungen zu begrenzen und so das Risiko eines unbefugten Abhörens zu verringern. Höhere Leistungseinstellungen erhöhen die Reichweite, machen Ihre Kommunikation aber auch für entfernte Abhörer zugänglicher.

Es ist auch wichtig, die Firmware Ihrer Funkgeräte gegebenenfalls regelmäßig zu aktualisieren. Hersteller veröffentlichen manchmal Updates, die Sicherheitsfunktionen verbessern oder Schwachstellen beheben. Wenn Sie mit diesen Updates auf dem Laufenden bleiben, können Sie sich besser vor Datenschutzverletzungen schützen.

Bei der Gruppenkommunikation ist die Einrichtung klarer Kommunikationsprotokolle von entscheidender Bedeutung. Dazu gehört die Festlegung konkreter Zeiten oder Bedingungen für die Funknutzung, die Vereinbarung der Verwendung von Codewörtern und die Festlegung von Richtlinien für den Umgang mit sensiblen Informationen. Durch die Schulung aller Benutzer zu diesen Protokollen wird sichergestellt, dass jeder die Best Practices kennt und diese konsequent befolgt.

Eine weitere bewährte Methode ist die Durchführung regelmäßiger Sicherheitsüberprüfungen Ihrer Funkkommunikationseinrichtung. Dazu gehört die Überprüfung und Bewertung der aktuellen Praktiken, die Prüfung auf Schwachstellen und die Aktualisierung der Protokolle bei Bedarf. Regelmäßige Audits helfen, potenzielle Risiken zu erkennen und zu mindern, bevor sie zu erheblichen Problemen werden.

Es ist von grundlegender Bedeutung, die Benutzer über die Bedeutung der Radioetikette und des Datenschutzes aufzuklären. Durch die Bereitstellung von Schulungen und Ressourcen können Benutzer die potenziellen Risiken und die Maßnahmen, die sie zum Schutz ihrer Kommunikation ergreifen können, besser verstehen. Aufklärung ist die erste Verteidigungslinie gegen Datenschutzverletzungen.

Zusammenfassend lässt sich sagen, dass die Wahrung der Privatsphäre und Sicherheit bei der Verwendung von Funkgeräten eine Kombination aus der Vermeidung sensibler Themen, der Verwendung codierter Sprache, der Verwendung von CTCSS/DCS, dem regelmäßigen Wechsel der Frequenzen, der Verwendung von Ohrhörern, der Einstellung von Übertragungen mit geringer Leistung, der Aktualisierung der Firmware, der Einrichtung von Kommunikationsprotokollen und der Durchführung umfasst Sicherheitsüberprüfungen und Schulung der Benutzer. Durch die Implementierung dieser Best Practices können Benutzer den Datenschutz und die Sicherheit ihrer Funkkommunikation erheblich verbessern.

Vermeidung von Eingriffen in öffentliche Dienste

Funkgeräte sind leistungsstarke Kommunikationsmittel, sie müssen jedoch verantwortungsvoll eingesetzt werden, um

Störungen öffentlicher Dienste wie Polizei, Feuerwehr und medizinische Kanäle zu vermeiden. Störungen dieser Dienste können schwerwiegende rechtliche und praktische Folgen haben. Deshalb ist es für Funknutzer unerlässlich, die Vorschriften zu verstehen und einzuhalten.

Öffentliche Dienste wie Polizei, Feuerwehr und Rettungsdienste arbeiten auf festgelegten Funkfrequenzen, um in kritischen Situationen eine klare und zuverlässige Kommunikation zu gewährleisten. Diese Frequenzen sind oft gesetzlich reserviert und geschützt, was bedeutet, dass eine unbefugte Nutzung lebenswichtige Abläufe stören und potenziell gefährliche Folgen haben kann. Um Störungen zu vermeiden, müssen Benutzer zunächst die spezifischen Frequenzen kennen, die in ihrer Region für die Nutzung öffentlicher Dienste zugewiesen sind. Diese Informationen sind in der Regel über nationale Regulierungsbehörden wie die Federal Communications Commission (FCC) in den Vereinigten Staaten erhältlich.

Die ausschließliche Verwendung autorisierter Frequenzen ist der erste Schritt zur Vermeidung von Störungen. Funkgeräte, darunter auch Baofeng-Modelle, können oft so programmiert werden, dass sie auf ein breites Spektrum an Frequenzen zugreifen. Allerdings sollten Benutzer ihre Radios niemals so programmieren, dass sie auf Frequenzen betrieben werden, die für öffentliche Dienste reserviert sind, es sei denn, sie verfügen über eine ausdrückliche Genehmigung und die erforderlichen Lizenzen. Das unbefugte Senden auf diesen Frequenzen ist illegal und kann schwere Strafen, einschließlich Geldstrafen und Gefängnisstrafen, nach sich ziehen.

Es ist von entscheidender Bedeutung, die von Regulierungsbehörden wie der FCC festgelegten Regeln zu verstehen und einzuhalten. Die FCC weist bestimmte Frequenzbänder für verschiedene Arten von Benutzern zu, einschließlich kommerzieller, persönlicher und öffentlicher

Sicherheit. Es liegt in der Verantwortung der Funknutzer, sicherzustellen, dass ihre Geräte so konfiguriert sind, dass sie innerhalb der für die beabsichtigte Verwendung zugewiesenen gesetzlichen Frequenzbereiche funktionieren. Beispielsweise stehen in den USA die Kanäle Family Radio Service (FRS) und General Mobile Radio Service (GMRS) für den persönlichen Gebrauch zur Verfügung, während bestimmte Bänder der öffentlichen Sicherheit vorbehalten sind.

Auch die regelmäßige Aktualisierung der Firmware und Software Ihrer Funkgeräte kann dazu beitragen, Störungen zu vermeiden. Hersteller veröffentlichen möglicherweise Updates, die die Frequenzkontrolle verbessern und das Risiko unbeabsichtigter Übertragungen auf eingeschränkten Kanälen verringern. Wenn Sie mit diesen Updates auf dem neuesten Stand bleiben, stellen Sie sicher, dass Ihr Gerät innerhalb der korrekten Parameter funktioniert.

Für die Einhaltung der Vorschriften sind ordnungsgemäße Schulungen und Schulungen zur Funknutzung unerlässlich. Benutzer sollten wissen, wie sie ihre Funkgeräte auf genehmigte Kanäle einstellen und sperren. Viele Radios verfügen über eine Kanalsperrfunktion, die ein versehentliches Umschalten auf nicht autorisierte Frequenzen verhindert. Wenn Sie lernen, diese Funktionen effektiv zu nutzen, können Sie das Risiko von Störungen minimieren.

Zuhören vor dem Senden ist eine grundlegende, aber wichtige Übung. Stellen Sie immer sicher, dass der Kanal frei ist, bevor Sie mit der Übertragung beginnen. Durch diese Vorgehensweise wird verhindert, dass die laufende Kommunikation unterbrochen wird, was bei gemeinsam genutzten oder überlasteten Frequenzen besonders kritisch sein kann. Mithilfe der Squelch-Steuerung Ihres Radios können Sie Hintergrundgeräusche herausfiltern und erkennen, wann ein Kanal verwendet wird.

In Gebieten, in denen öffentlich-rechtliche Kanäle aktiv genutzt werden, verringert eine kurze und prägnante Übertragung die Wahrscheinlichkeit von Störungen. Längere Gespräche auf jeder Frequenz können zu Überlastungen führen und das Risiko versehentlicher Überschneidungen mit öffentlich-rechtlichen Kanälen erhöhen. Üben Sie eine prägnante Kommunikation und ermutigen Sie andere in Ihrer Gruppe, dasselbe zu tun.

Auch die Überwachung der Ausgangsleistung Ihrer Übertragungen kann Störungen verhindern. Bei den meisten Funkgeräten kann der Benutzer die Ausgangsleistung anpassen. Niedrigere Leistungseinstellungen reichen in der Regel für die Kommunikation über kurze Entfernungen aus und tragen dazu bei, die Reichweite Ihrer Übertragungen zu minimieren und so die Wahrscheinlichkeit einer Beeinträchtigung entfernter öffentlicher Dienste zu verringern. Reservieren Sie höhere Leistungseinstellungen für den Fall, dass sie unbedingt erforderlich und angemessen sind.

Es ist von entscheidender Bedeutung, Ihre Radiogruppe oder Community darüber aufzuklären, wie wichtig es ist, Störungen öffentlicher Dienste zu vermeiden. Der Austausch von Wissen über legale Frequenzen, ordnungsgemäße Nutzungsprotokolle und die möglichen Folgen von Störungen kann eine verantwortungsvolle Funknutzung fördern. Fördern Sie offene Diskussionen und regelmäßige Schulungen, um alle auf dem Laufenden zu halten und die Vorschriften einzuhalten.

In Notsituationen, in denen der Kommunikationsbedarf möglicherweise erhöht ist, ist die Aufrechterhaltung der Disziplin umso wichtiger. Unterlassen Sie die Verwendung von Funkgeräten für nicht unbedingt notwendige Kommunikation und stellen Sie sicher, dass sich alle Benutzer darüber im Klaren sind, wie wichtig freie Kanäle in Notfällen sind. Diese Praxis trägt dazu bei, dass die Kommunikation im öffentlichen Dienst unterbrechungsfrei und effektiv bleibt.

Wenn Sie vermuten oder feststellen, dass Sie versehentlich die Frequenz eines öffentlichen Dienstes gestört haben, ist es wichtig, die Übertragung sofort einzustellen und den Vorfall den zuständigen Behörden zu melden. Die Übernahme von Verantwortung und die Zusammenarbeit mit Regulicrungsbchördcn können die Folgen abmildern und dazu beitragen, Probleme schnell zu lösen.

Um Störungen öffentlicher Dienste bei der Verwendung von Funkgeräten zu vermeiden, müssen Sie nur autorisierte Frequenzen verwenden, sich über die Vorschriften auf dem Laufenden halten, angemessene Schulungen und Schulungen durchführen, vor dem Senden zuhören, Übertragungen prägnant halten, die Leistungsabgabe überwachen und eine verantwortungsvolle Nutzung in Ihrer Gemeinde fördern. Das Verstehen und Befolgen dieser Praktiken stellt nicht nur die Einhaltung der Gesetze sicher, sondern unterstützt auch die lebenswichtige Arbeit der Notfall- und öffentlichen Sicherheitsdienste und hilft ihnen, effizient und effektiv zu arbeiten.

KAPITEL 7

Fehlerbehebung und Wartung

Häufige Probleme und schnelle Lösungen

Baofeng-Radios sind zuverlässige Werkzeuge, aber wie bei jeder Technologie können auch bei ihnen Probleme auftreten. Wenn Sie häufige Probleme verstehen und wissen, wie Sie sie beheben können, können Sie Zeit sparen und eine effektive Kommunikation gewährleisten. Hier sind einige häufige Probleme aufgeführt, auf die Benutzer mit Baofeng-Radios stoßen könnten, zusammen mit Tipps zur Fehlerbehebung und schnellen Lösungen.

Ein häufiges Problem ist eine schlechte Audioqualität oder Rauschen während der Übertragung. Dies kann häufig durch Interferenzen oder Hindernisse zwischen den Funkgeräten verursacht werden. Um dies zu beheben, versuchen Sie, Ihren Standort auf eine höhere Höhe oder ein offeneres Gebiet zu verlegen. Überprüfen Sie die Antenne, um sicherzustellen, dass sie sicher befestigt und in gutem Zustand ist. Wenn das Problem weiterhin besteht, sollten Sie die Verwendung einer anderen Frequenz oder eines anderen Kanals in Betracht ziehen, um festzustellen, ob das Problem spezifisch für eine bestimmte Frequenz ist.

Ein weiteres häufiges Problem ist, dass sich das Radio nicht einschaltet. Dies hängt normalerweise mit Batterieproblemen zusammen. Überprüfen Sie zunächst, ob der Akku ordnungsgemäß installiert und vollständig aufgeladen ist. Wenn die Batterie alt ist, muss sie möglicherweise ersetzt werden. Stellen Sie sicher, dass die Batteriekontakte sauber und frei von Korrosion sind. Wenn Sie ein Ladegerät verwenden, stellen Sie sicher, dass es ordnungsgemäß funktioniert und Strom liefert.

Manchmal kann das Problem durch einen Reset des Radios durch Entfernen und erneutes Einsetzen des Akkus behoben werden.

Benutzer stoßen häufig auf Schwierigkeiten beim Senden oder Empfangen von Signalen. Wenn Sie nicht senden können, überprüfen Sie, ob das Radio auf die richtige Frequenz eingestellt ist und dass die Frequenz nicht eingeschränkt oder für andere Zwecke reserviert ist. Stellen Sie sicher, dass die Push-to-Talk-Taste (PTT) ordnungsgemäß funktioniert. Wenn der Empfang das Problem darstellt, stellen Sie sicher, dass die Lautstärke erhöht und die Squelch-Einstellung richtig eingestellt ist. Stellen Sie außerdem sicher, dass sich das Radio nicht im „Stumm"-Modus befindet oder auf einen Datenschutzcode eingestellt ist, den andere Radios in Ihrer Gruppe nicht verwenden.

Programmierprobleme sind eine weitere häufige Herausforderung, insbesondere für neue Benutzer. Wenn Sie Probleme beim manuellen

Programmieren von Frequenzen haben, finden Sie in der Bedienungsanleitung eine Schritt-für-Schritt-Anleitung. Der Einsatz von Software wie Chirp kann den Programmierprozess vereinfachen. Stellen Sie sicher, dass Sie über das richtige Programmierkabel verfügen und dass es fest angeschlossen ist. Überprüfen Sie noch einmal, ob Sie die Frequenzen korrekt eingeben und ob sie innerhalb der für Ihre Nutzung zulässigen Frequenzbereiche liegen.

Bedenken hinsichtlich der Akkulaufzeit sind ebenfalls weit verbreitet. Wenn sich Ihr Akku schnell entlädt, prüfen Sie, ob das Radio häufiger als nötig sendet, da dies mehr Strom verbraucht. Reduzieren Sie nach Möglichkeit die Leistungseinstellung und schalten Sie alle Funktionen aus, die Sie nicht nutzen, wie z. B. die Hintergrundbeleuchtung oder Scanfunktionen. Wenn Sie das Radio häufig verwenden, sollten Sie Ersatzbatterien oder einen Akku mit höherer Kapazität bereithalten.

Manchmal stellen Benutzer möglicherweise fest, dass ihre Funkgeräte nicht miteinander kommunizieren. Dies kann daran liegen, dass die Funkgeräte nicht die gleiche Frequenz oder den gleichen Datenschutzcode haben. Stellen Sie sicher, dass alle Funkgeräte in Ihrer Gruppe mit den gleichen Einstellungen programmiert sind. Stellen Sie sicher, dass Kanal, Frequenz und alle CTCSS- oder DCS-Codes übereinstimmen. Wenn Sie Dualband-Funkgeräte verwenden, stellen Sie sicher, dass sich alle Benutzer im selben Band (VHF oder UHF) befinden.

Auch Antennenprobleme können die Leistung beeinträchtigen. Wenn Sie einen erheblichen Rückgang der Reichweite oder Signalqualität bemerken, überprüfen Sie die Antenne auf Beschädigung oder Abnutzung. Stellen Sie sicher, dass es sicher mit dem Radio verbunden ist. Der Einsatz einer verbesserten Antenne kann manchmal die Leistung verbessern, insbesondere in anspruchsvollen Umgebungen.

Benutzer können auch Probleme mit Zubehör wie Ohrhörern oder Mikrofonen haben. Wenn ein Zubehörteil nicht funktioniert, überprüfen Sie zunächst, ob es ordnungsgemäß mit dem Radio verbunden ist. Testen Sie das Zubehör nach Möglichkeit an einem anderen Radio, um festzustellen, ob das Problem am Zubehör oder am Radio liegt. Stellen Sie sicher, dass alle Verbindungen sauber und frei von Schmutz sind.

Firmware- und Softwareprobleme können manchmal Probleme verursachen. Suchen Sie regelmäßig nach Updates des Herstellers und wenden Sie diese bei Bedarf an. Updates können Fehler beheben und die Leistung Ihres Radios verbessern. Stellen Sie sicher, dass Sie die Aktualisierungsanweisungen sorgfältig befolgen, um eine Beschädigung des Geräts zu vermeiden.

Zu den häufigsten Problemen mit Baofeng-Radios gehören schlechte Audioqualität, Probleme mit der Stromversorgung, Übertragungs- und Empfangsschwierigkeiten, Programmierschwierigkeiten, Bedenken hinsichtlich der Batterielebensdauer, Kommunikationsprobleme, Antennenprobleme, Fehlfunktionen des Zubehörs und Firmware-Probleme. Die Behebung dieser Probleme umfasst die Überprüfung der Batterie- und Antennenanschlüsse, die Anpassung von Einstellungen, die Überprüfung der Programmierung, die Aktualisierung der Software und die Sicherstellung der ordnungsgemäßen Verwendung von Zubehör. Das Verständnis dieser häufigen Probleme und ihrer Lösungen kann Ihnen helfen, Ihr Baofeng-Radio in gutem Zustand zu halten und eine zuverlässige Kommunikation zu gewährleisten, wenn Sie sie am meisten brauchen.

Erhaltung der Batteriegesundheit und Langlebigkeit

Die Aufrechterhaltung und Verlängerung der Batterielebensdauer von Baofeng-Funkgeräten ist für eine zuverlässige Kommunikation, insbesondere in kritischen Situationen, unerlässlich. Die richtige Pflege und Verwendung kann die Gesundheit und Effizienz der Batterie erheblich verlängern. Hier finden Sie einige praktische Tipps und Best Practices zum Laden, Lagern und zur allgemeinen Batteriewartung.

Eine der wichtigsten Möglichkeiten, die Batterielebensdauer zu verlängern, besteht darin, die Batterie richtig aufzuladen. Verwenden Sie immer das Ladegerät, das mit Ihrem Baofeng-Radio geliefert wurde, oder eine kompatible, hochwertige Alternative. Das Laden mit ungeeigneten oder minderwertigen Ladegeräten kann den Akku beschädigen und seine Lebensdauer verkürzen. Befolgen Sie die Anweisungen des Herstellers bezüglich der Ladezeiten. Typischerweise sollte die erste Ladung länger dauern, um den Akku zu konditionieren, in der Regel etwa 12 Stunden, während nachfolgende Ladungen den regulären Richtlinien folgen können, oft etwa 3–5 Stunden.

Vermeiden Sie eine Überladung des Akkus. Obwohl moderne Akkus und Ladegeräte häufig über Schutzschaltungen verfügen, um ein Überladen zu verhindern, empfiehlt es sich dennoch, das Ladegerät vom Stromnetz zu trennen, sobald der Akku vollständig aufgeladen ist. Wenn der Akku über einen längeren Zeitraum am Ladegerät angeschlossen bleibt, kann es trotz Schutzschaltungen zu einem Wärmestau kommen, der mit der Zeit den Zustand des Akkus beeinträchtigt.

Auch die Aufrechterhaltung eines optimalen Ladezustands ist entscheidend. Bei Lithium-Ionen-Akkus, die üblicherweise in Baofeng-Radios verwendet werden, kann eine

Ladung zwischen 20 % und 80 % dazu beitragen, die Akkulaufzeit zu verlängern. Wenn der Akku vollständig entladen wird oder er über einen längeren Zeitraum voll aufgeladen bleibt, kann dies zu einer Belastung der Akkuzellen führen. Durch regelmäßiges Laden des Akkus, bevor dieser unter 20 % fällt, können Tiefentladungen verhindert werden, die für Lithium-Ionen-Akkus schädlich sind.

Ein weiterer wichtiger Faktor ist die ordnungsgemäße Lagerung des Akkus bei Nichtgebrauch. Wenn Sie den Akku über einen längeren Zeitraum lagern möchten, stellen Sie sicher, dass er zu etwa 50 % geladen ist. Die Lagerung eines vollständig geladenen oder vollständig entladenen Akkus kann zu einem Kapazitätsverlust führen. Lagern Sie den Akku an einem kühlen, trockenen Ort, geschützt vor direkter Sonneneinstrahlung und extremen Temperaturen. Hohe Temperaturen können den Alterungsprozess der Batterie beschleunigen, während sehr niedrige

Temperaturen ihre Leistung vorübergehend verringern können.

Regelmäßiger Gebrauch und ordnungsgemäße Zyklen des Akkus sind von Vorteil. Akkus, die über einen längeren Zeitraum nicht genutzt werden, können ihre Fähigkeit, die Ladung effektiv zu halten, verlieren. Wenn Sie Ersatzbatterien haben, verwenden Sie diese abwechselnd, um sicherzustellen, dass alle in gutem Zustand bleiben. Diese Vorgehensweise trägt dazu bei, das chemische Gleichgewicht der Batterie aufrechtzuerhalten und sicherzustellen, dass sie optimal funktioniert.

Das Temperaturmanagement während des Ladens und der Verwendung ist wichtig. Vermeiden Sie das Laden des Akkus in sehr heißen oder sehr kalten Umgebungen. Das Laden bei Raumtemperatur ist ideal, da extreme Temperaturen die Ladeeffizienz und den Zustand des Akkus beeinträchtigen können. Ebenso trägt die Verwendung des Radios bei gemäßigten Temperaturen dazu bei, die Leistung und Langlebigkeit des Akkus zu erhalten.

Die Verwendung von Energiesparfunktionen an Ihrem Baofeng-Radio kann dazu beitragen, die Batterielebensdauer während des Betriebs zu verlängern. Die meisten Radios verfügen über Funktionen wie den Batteriesparmodus, der den Stromverbrauch reduziert, wenn das Radio im Leerlauf ist. Auch die Einstellung der Leistungsabgabe auf den niedrigsten effektiven Wert für Ihre Kommunikationsanforderungen kann die Batterielebensdauer verlängern. Hohe Energieeinstellungen entladen den Akku schneller. Verwenden Sie hohe Energie daher nur, wenn dies für die Kommunikation über große Entfernungen erforderlich ist.

Überwachen Sie regelmäßig den Zustand der Batterie. Achten Sie auf Abnutzungserscheinungen, z. B. darauf, dass der Akku nicht mehr so gut geladen ist wie früher oder dass sich das Radio unerwartet ausschaltet. Wenn Sie diese Anzeichen bemerken, ist es möglicherweise an der Zeit, die Batterie auszutauschen. Mithilfe eines Batterieanalysators oder -testers können Sie den Zustand Ihrer Batterie genauer beurteilen.

Vermeiden Sie physische Schäden am Akku. Das Fallenlassen des Funkgeräts oder der Batterie kann zu inneren Schäden führen, die möglicherweise nicht sofort erkennbar sind, aber zu einer verminderten Leistung oder sogar zu Sicherheitsrisiken führen können. Gehen Sie vorsichtig mit der Batterie und dem Funkgerät um, um Stöße zu vermeiden, die die Integrität der Batterie beeinträchtigen könnten.

Zur Aufrechterhaltung und Verlängerung der Batterielebensdauer von Baofeng-Funkgeräten gehören geeignete Ladepraktiken, die Vermeidung von Überladung, die Aufrechterhaltung eines optimalen Ladezustands der Batterie, die ordnungsgemäße Lagerung, die regelmäßige

Verwendung, das Temperaturmanagement, die Nutzung von Energiesparfunktionen, die Überwachung des Batteriezustands und der sorgfältige Umgang mit der Batterie. Durch die Befolgung dieser Best Practices können Sie sicherstellen, dass der Akku Ihres Baofeng-Radios zuverlässig und effizient bleibt und Ihnen eine zuverlässige Kommunikation bietet, wann immer Sie sie benötigen.

Reinigung und Pflege Ihres Baofeng-Radios

Die ordnungsgemäße Reinigung und Wartung von Baofeng-Radios ist entscheidend für die Gewährleistung ihrer Langlebigkeit und optimalen Leistung. Regelmäßige Pflege beugt Schäden vor und sorgt dafür, dass die Funkgeräte effizient funktionieren. Hier finden Sie detaillierte Anweisungen zur Reinigung und Wartung Ihres Baofeng-Radios.

Schalten Sie zunächst das Radio aus und entfernen Sie den Akku. Dies verhindert elektrische Probleme oder versehentliche Übertragungen während der Reinigung. Stellen Sie sicher, dass das Radio nicht an ein Ladegerät oder externes Zubehör angeschlossen ist. Durch das Entfernen des Akkus können Sie auch die Akkukontakte gründlich reinigen, was für die Aufrechterhaltung einer guten Verbindung und die Gewährleistung einer zuverlässigen Stromversorgung unerlässlich ist.

Wischen Sie die Außenseite des Radios mit einem weichen, trockenen Tuch ab. Dadurch werden Staub und leichte Verschmutzungen entfernt, die sich möglicherweise auf der Oberfläche angesammelt haben. Bei hartnäckigerem Schmutz befeuchten Sie das Tuch leicht mit Wasser. Vermeiden Sie übermäßig viel Wasser, da Feuchtigkeit die elektronischen Komponenten im Radio beschädigen kann. Wischen Sie vorsichtig alle Oberflächen ab, einschließlich der Tasten, des Bildschirms und der Antenne.

Verwenden Sie für Bereiche mit angesammeltem Schmutz oder Dreck, z. B. in den Spalten um Tasten oder das Mikrofon, eine weiche Bürste oder ein Wattestäbchen. Eine kleine Bürste mit weichen Borsten, etwa eine Zahnbürste, kann diese engen Stellen effektiv reinigen, ohne die Oberfläche zu zerkratzen. Tauchen Sie die Bürste oder das Wattestäbchen bei Bedarf in eine Mischung aus milder Seife und Wasser, achten Sie jedoch darauf, dass es nur leicht feucht ist. Reinigen Sie den Bereich um die Tasten und andere Spalten sorgfältig und entfernen Sie alle Ablagerungen, die die Funktionalität des Radios beeinträchtigen könnten.

Wichtig ist auch die Reinigung der Antenne. Schrauben Sie die Antenne vom Radio ab und wischen Sie sie mit einem weichen Tuch ab. Wenn die Antenne über Gewinde verfügt, reinigen Sie diese mit einer trockenen Bürste oder einem Tuch und entfernen Sie Staub und Schmutz. Stellen Sie sicher, dass die Verbindungspunkte sauber sind, bevor Sie die Antenne wieder am Radio anbringen. Eine saubere Antenne sorgt für eine bessere Signalübertragung und -empfang.

Überprüfen Sie die Batteriekontakte auf Anzeichen von Korrosion oder Schmutz. Reinigen Sie die Kontakte mit einem trockenen Tuch oder einem in Isopropylalkohol getränkten Wattestäbchen. Dadurch werden alle Rückstände entfernt, die die elektrische Verbindung beeinträchtigen könnten. Stellen Sie sicher, dass die Kontakte vollständig trocken sind, bevor Sie den Akku wieder in das Radio einsetzen. Regelmäßige Reinigung der Batteriekontakte trägt zur Aufrechterhaltung einer effizienten Energieübertragung bei und verlängert die Batterielebensdauer.

Verwenden Sie zum Reinigen des Bildschirms ein Mikrofasertuch, um Kratzer auf der Oberfläche zu vermeiden. Vermeiden Sie die Verwendung aggressiver Chemikalien oder scheuernder Materialien, da diese den Bildschirm beschädigen können. Befeuchten Sie das Mikrofasertuch bei Bedarf leicht mit Wasser oder einer speziell für elektronische Displays entwickelten Bildschirmreinigungslösung. Wischen Sie den Bildschirm vorsichtig ab, um Fingerabdrücke, Flecken und Staub zu entfernen.

Wichtig sind auch regelmäßige Kontrollen und Wartung des Radiozubehörs wie Ohrhörer, Mikrofone und Ladegeräte. Reinigen Sie diese Zubehörteile mit den gleichen Methoden; weiche Tücher, Bürsten und milde Reinigungslösungen. Stellen Sie sicher, dass alle Anschlüsse und Stecker frei von Schmutz und Korrosion sind, um einen guten elektrischen Kontakt aufrechtzuerhalten. Die richtige Pflege des Zubehörs trägt zur Gesamtleistung und Langlebigkeit Ihres Baofeng-Radios bei.

Vorbeugende Wartung ist der Schlüssel dazu, dass Ihr Baofeng-Radio in gutem Betriebszustand bleibt. Bewahren Sie das Radio an einem kühlen, trockenen Ort auf, wenn Sie es nicht verwenden. Vermeiden Sie es, es extremen Temperaturen, Feuchtigkeit oder direkter Sonneneinstrahlung auszusetzen, da diese Bedingungen die internen Komponenten beschädigen und die Lebensdauer des Radios verkürzen können. Die Verwendung einer Schutzhülle oder -abdeckung kann auch dazu beitragen, physische Schäden durch Stürze oder Stöße zu verhindern.

Überprüfen Sie das Radio regelmäßig auf Anzeichen von Abnutzung oder Beschädigung. Suchen Sie nach Rissen, losen Teilen oder anderen physischen Schäden, die die Leistung beeinträchtigen könnten. Beheben Sie alle Probleme umgehend, um weiteren Schaden zu verhindern. Wenn Sie Probleme bemerken, die Sie nicht selbst beheben können, sollten Sie das Radio zur Reparatur an einen professionellen Techniker übergeben.

Software-Updates und Firmware-Wartung gehören ebenfalls dazu, Ihr Baofeng-Radio in Top-Zustand zu halten. Suchen Sie auf der Website des Herstellers oder in den Benutzerhandbüchern nach verfügbaren Updates. Durch die Aktualisierung der Software können Fehler behoben, die Leistung verbessert und neue Funktionen hinzugefügt werden. Befolgen Sie die Anweisungen sorgfältig, um ein erfolgreiches Update ohne Beschädigung des Radios sicherzustellen.

Zur ordnungsgemäßen Reinigung und Wartung von Baofeng-Radios gehören das Ausschalten des Radios und das Entfernen des Akkus, die Verwendung weicher Tücher und Bürsten zum Reinigen des Äußeren und der Spalten, das Reinigen der Antenne und der Batteriekontakte, die Verwendung eines Mikrofasertuchs für den Bildschirm sowie die Durchführung regelmäßiger Kontrollen und vorbeugender Maßnahmen Wartung. Wenn Sie diese Schritte befolgen, können Sie sicherstellen, dass Ihr Baofeng-Radio in ausgezeichnetem Zustand bleibt und über einen langen Zeitraum zuverlässige Kommunikation und optimale Leistung bietet.

Aktualisieren von Firmware und Software

Die Aktualisierung der Firmware und Software Ihres Baofeng-Radios ist unerlässlich, um die neuesten Funktionen, verbesserte Leistung und mehr Sicherheit zu gewährleisten. Der Vorgang mag entmutigend erscheinen, aber mit klaren Anweisungen können Sie diese Upgrades sicher durchführen. Hier finden Sie eine umfassende Anleitung, die Sie durch den Prozess unterstützt.

Beginnen Sie mit der Identifizierung des Modells Ihres Baofeng-Radios. Verschiedene Modelle verfügen möglicherweise über bestimmte Firmware- oder Softwareversionen. Daher ist es wichtig, sicherzustellen, dass Sie die richtigen Dateien verwenden. Die Modellnummer finden Sie im Benutzerhandbuch oder auf dem Etikett am

Radio. Zu den gängigen Baofeng-Modellen gehören UV-5R, BF-F8HP und UV-82.

Besuchen Sie anschließend die Baofeng-Website oder die Website des Händlers Ihres Radios, um die entsprechenden Firmware- und Software-Updates zu finden. Suchen Sie nach einem Support- oder Download-Bereich, in dem Sie die neuesten Updates für Ihr spezifisches Modell finden. Laden Sie die Firmware-Datei und die erforderliche Software auf Ihren Computer herunter. Stellen Sie sicher, dass Sie von einer seriösen Quelle herunterladen, um Malware oder beschädigte Dateien zu vermeiden.

Bevor Sie mit dem Upgrade-Vorgang beginnen, sichern Sie alle wichtigen Einstellungen oder Konfigurationen Ihres Radios. Dieser Schritt ist von entscheidender Bedeutung für den Fall, dass während des Upgrades etwas schief geht. Wenn Sie benutzerdefinierte Kanäle oder Einstellungen haben, verwenden Sie Software wie CHIRP, um diese Einstellungen auf Ihrem Computer zu speichern. Öffnen Sie CHIRP, verbinden Sie Ihr Radio und laden Sie die aktuelle Konfiguration herunter. Speichern Sie diese Datei an einem sicheren Ort.

Um Ihr Radio mit dem Computer zu verbinden, benötigen Sie ein USB-Programmierkabel, das mit Ihrem Baofeng-Modell kompatibel ist. Diese Kabel sind in der Regel dort erhältlich, wo Sie Ihr Radio gekauft haben, oder bei anderen Elektronikhändlern. Schließen Sie das Kabel an Ihr Radio an und stecken Sie das andere Ende in einen USB-Anschluss Ihres Computers. Stellen Sie sicher, dass das Radio ausgeschaltet ist, bevor Sie es anschließen.

Installieren Sie alle erforderlichen Treiber für das Programmierkabel. Mit diesen Treibern kann Ihr Computer über den USB-Anschluss mit dem Radio kommunizieren. Treiber sind normalerweise von derselben Quelle verfügbar wie die Firmware- und

Software-Updates. Befolgen Sie die Installationsanweisungen, die den Treiberdateien beiliegen.

Sobald die Treiber installiert sind, öffnen Sie die Firmware-Update-Software auf Ihrem Computer. Diese Software wird normalerweise von Baofeng oder dem Händler Ihres Radios bereitgestellt. Befolgen Sie die Anweisungen, um die zuvor heruntergeladene Firmware-Datei zu laden. Stellen Sie sicher, dass Ihr Radio noch ausgeschaltet und mit dem Computer verbunden ist.

Schalten Sie Ihr Radio ein, während Sie bestimmte Tasten gedrückt halten, um in den Firmware-Aktualisierungsmodus zu gelangen. Die Tasten, die Sie drücken müssen, können je nach Modell variieren. Sehen Sie daher in Ihrem Benutzerhandbuch oder in den Anweisungen der Firmware-Aktualisierungssoftware nach. Bei vielen Baofeng-Modellen gelangen Sie in den Aktualisierungsmodus, indem Sie beim Einschalten des Radios die Tasten „PTT" (Push-To-Talk) und „Monitor" gedrückt halten.

Starten Sie im Update-Modus des Radios den Firmware-Update-Vorgang in der Software. Dieser Schritt kann mehrere Minuten dauern. Es ist wichtig, während des Updates das Radio nicht zu trennen oder den Vorgang zu unterbrechen. Eine Unterbrechung des Firmware-Updates kann dazu führen, dass das Radio nicht mehr funktionsfähig ist.

Nachdem das Firmware-Update abgeschlossen ist, schalten Sie das Radio aus und trennen Sie es vom Computer. Schalten Sie das Radio wieder normal ein, um sicherzustellen, dass es mit der neuen Firmware ordnungsgemäß startet. Überprüfen Sie die Firmware-Version auf dem Radio, um sicherzustellen, dass die Aktualisierung erfolgreich war. Diese Informationen finden Sie normalerweise im Einstellungsmenü oder können auf dem Startbildschirm angezeigt werden.

Wenn Sie die Einstellungen Ihres Radios vor dem Update gesichert haben, können Sie diese Einstellungen jetzt mit CHIRP oder der Software, die Sie für die Sicherung verwendet haben, wiederherstellen. Schließen Sie Ihr Radio an den Computer an, öffnen Sie die Sicherungsdatei und laden Sie die Einstellungen wieder auf das Radio hoch. Dieser Schritt stellt Ihre benutzerdefinierten Kanäle und Konfigurationen wieder her.

Es ist auch eine gute Idee, nach dem Aktualisieren der Firmware einen Werksreset durchzuführen. Dieser Schritt stellt sicher, dass alle neuen Einstellungen ordnungsgemäß initialisiert werden und mögliche Konflikte mit alten Einstellungen gelöst werden. Anweisungen zum Zurücksetzen auf die Werkseinstellungen für Ihr Modell finden Sie in Ihrem Benutzerhandbuch.

Überprüfen Sie regelmäßig, ob zukünftige Firmware- und Software-Updates verfügbar sind, damit Ihr Radio weiterhin optimal funktioniert. Richten Sie eine Erinnerung ein, um die Website des Herstellers zu besuchen oder Benutzerforen beizutreten, in denen häufig Updates besprochen und angekündigt werden. Wenn Sie über die neuesten Versionen auf dem Laufenden bleiben, können Sie neue Funktionen bereitstellen, Fehler beheben und die Gesamtleistung verbessern.

Um die Firmware und Software Ihres Baofeng-Radios zu aktualisieren, müssen Sie Ihr Modell identifizieren, die richtigen Dateien herunterladen, vorhandene Einstellungen sichern, das Radio mit einem Programmierkabel an Ihren Computer anschließen, die erforderlichen Treiber installieren, die Firmware-Update-Software verwenden und bestimmte Schritte ausführen das Update. Regelmäßige Wartung und die ständige Information über Aktualisierungen stellen sicher, dass Ihr Baofeng-Funkgerät effizient funktioniert und für alle Ihre Kommunikationsanforderungen zuverlässig bleibt.

KAPITEL 8

Aufbau eines Community-Netzwerks

Kontakte zu lokalen Radio-Enthusiasten knüpfen

Der Aufbau eines Community-Netzwerks durch die Verbindung mit lokalen Radiobegeisterten ist eine erfüllende Möglichkeit, Ihre Fähigkeiten zu verbessern und Ihr Baofeng-Radio in vollem Umfang zu genießen. Lokale Vereine und Gruppen bieten eine Fülle von Wissen, Kameradschaft und Möglichkeiten für praktische Erfahrungen. Hier erfahren Sie, wie Sie diese Gruppen finden und ihnen beitreten können und was Sie dabei erwartet.

Der erste Schritt besteht darin, lokale Radioclubs und -gruppen zu identifizieren. In vielen Gegenden gibt es Amateurfunkclubs, die neue Mitglieder willkommen heißen und Ressourcen sowohl für Anfänger als auch für erfahrene Benutzer bereitstellen. Um diese Clubs zu finden, können Sie zunächst online nach Amateurfunkclubs in Ihrer Stadt oder Region suchen. Websites wie die American Radio Relay League (ARRL) bieten Verzeichnisse angeschlossener Clubs im ganzen Land. Sie können auch in den schwarzen Brettern der örtlichen Gemeinde, in Bibliotheken und in Elektronikgeschäften nach Flyern oder Hinweisen zu Treffen von Radioclubs suchen.

Sobald Sie potenzielle Clubs identifiziert haben, wenden Sie sich an diese. Die meisten Clubs verfügen über eine Website oder einen Social-Media-Auftritt mit Kontaktinformationen. Senden Sie eine E-Mail oder Nachricht, in der Sie Ihr Interesse an einer Mitgliedschaft zum Ausdruck bringen. Stellen Sie sich kurz vor und erwähnen Sie Ihren Erfahrungsstand mit Baofeng-Radios. Clubs sind Neuankömmlingen in der Regel sehr willkommen und geben gerne ihr Wissen weiter.

Die Teilnahme an Clubtreffen ist eine tolle Möglichkeit, sich zu engagieren. Diese Treffen finden in der Regel monatlich statt und bieten den Mitgliedern eine Plattform zur Diskussion verschiedener Themen rund um den Amateurfunk. Bei Meetings finden häufig Gastredner, technische Präsentationen und Gerätevorführungen statt. Regelmäßige Teilnahme wird Ihnen dabei helfen, Beziehungen zu anderen Radiobegeisterten aufzubauen und mehr über das Hobby zu erfahren.

Die Teilnahme an Clubaktivitäten ist eine weitere hervorragende Möglichkeit, in die Gemeinschaft einzutauchen. Viele Vereine organisieren Veranstaltungen wie Feldtage, bei denen Mitglieder tragbare Radiosender in öffentlichen Bereichen aufstellen, um ihre Fähigkeiten zu üben und der Öffentlichkeit das Hobby vorzuführen. Diese Veranstaltungen bieten praktische Erfahrungen und sind eine unterhaltsame Möglichkeit, Zeit mit Gleichgesinnten zu verbringen. Vereine nehmen auch häufig an Wettbewerben, Notfallkommunikationsübungen und öffentlichen Veranstaltungen teil, bei denen Funker Kommunikationsunterstützung für lokale Veranstaltungen wie Marathons oder Festivals leisten.

Auch der Beitritt zu Online-Foren und Social-Media-Gruppen, die sich mit Baofeng-Radios und Amateurfunk befassen, kann Ihr Erlebnis verbessern. Plattformen wie Reddit, Facebook und spezialisierte Foren wie QRZ.com bieten Communities, in denen Sie Fragen stellen, Erfahrungen austauschen und von anderen lernen können. Diese Online-Gruppen sind besonders nützlich, um Antworten auf bestimmte technische Fragen oder Fehlerbehebungsprobleme zu finden, die bei Ihrem Baofeng-Radio auftreten können.

Die Zusammenarbeit mit lokalen Radiobegeisterten kann auch zu Möglichkeiten für eine Mentorentätigkeit führen. Viele erfahrene Betreiber sind bereit, Neueinsteigern als Mentoren zur Seite zu stehen und ihnen bei allem zu helfen, von der Programmierung Ihres Radios bis hin zum Verständnis der Nuancen verschiedener Frequenzen. Ein Mentor kann Ihnen dabei helfen, sich in der Komplexität des Amateurfunks zurechtzufinden und individuelle Ratschläge basierend auf seinen eigenen Erfahrungen zu geben.

Exkursionen und Gemeinschaftsprojekte sind ein weiterer Vorteil der Mitgliedschaft in einem örtlichen Club. Einige Clubs organisieren Ausflüge zu interessanten Standorten für den Funkbetrieb, wie zum Beispiel Berggipfeln, abgelegenen Parks oder historischen Stätten. Diese Ausflüge bieten eine einzigartige Umgebung zum Üben Ihrer Fähigkeiten und beinhalten häufig das Aufstellen tragbarer Antennen und anderer Geräte. Gemeinschaftsprojekte, wie der Aufbau eines Community-Repeaters oder die Organisation einer Sonderveranstaltungsstation, fördern die Teamarbeit und ermöglichen es Ihnen, zu einem größeren Ziel beizutragen.

Wenn Sie einem Club oder einer Gruppe beitreten, nehmen Sie proaktiv teil. Helfen Sie ehrenamtlich für Rollen oder Aufgaben, sei es bei der Vorbereitung einer Veranstaltung, der Verwaltung der Social-Media-Seite des Clubs oder der Koordinierung eines Projekts. Die aktive Teilnahme verbessert nicht nur Ihr Erlebnis, sondern hilft auch dem Club, zu gedeihen und zu wachsen. Ihre Beiträge, egal wie klein sie sind, sind für die Community wertvoll.

Lokale Vereine stellen außerdem Ressourcen zur Erlangung der erforderlichen Lizenzen und Zertifizierungen zur Verfügung. In den Vereinigten Staaten beispielsweise bieten die der ARRL angeschlossenen Clubs häufig Kurse und Testsitzungen für die Amateurfunklizenzen der Klassen Technician, General und Extra an. Diese Kurse bieten eine strukturierte Möglichkeit, den

Stoff zu erlernen und sich auf die Lizenzprüfungen vorzubereiten. Der erfolgreiche Erhalt Ihrer Lizenz legalisiert nicht nur Ihren Betrieb, sondern eröffnet Ihnen auch mehr Frequenzen und Möglichkeiten für Ihr Baofeng-Radio.

Ein weiterer wichtiger Aspekt bei der Kontaktaufnahme mit lokalen Radiobegeisterten ist die Möglichkeit zum Geräteaustausch. Viele Clubs haben Mitglieder, die Funkgeräte kaufen, verkaufen oder handeln. Dies kann eine kostengünstige Möglichkeit sein, Ihr Setup zu aktualisieren oder zusätzliches Zubehör zu erwerben. Bei Clubtreffen finden häufig Tauschbörsen oder Auktionen statt, bei denen Sie Angebote für gebrauchte Geräte und Teile finden können.

Die Zugehörigkeit zu einem Community-Netzwerk bietet Unterstützung in Zeiten der Not. Radioclubs spielen bei der Notfallkommunikation oft eine entscheidende Rolle. Bei Naturkatastrophen oder anderen Notfällen können lokale Clubs wichtige

Kommunikationsverbindungen bereitstellen, wenn andere Systeme ausfallen. Indem Sie ein aktives Mitglied eines Clubs sind, können Sie zu dieser Community-Unterstützung beitragen und davon profitieren und so sicherstellen, dass Sie und Ihre Community auch in Krisenzeiten verbunden und informiert bleiben.

Der Kontakt mit lokalen Radiobegeisterten über Clubs und Gruppen verbessert Ihre Erfahrung mit Baofeng-Radios durch Bildung, Kameradschaft und praktische Möglichkeiten. Durch die Suche nach Clubs, die Teilnahme an Meetings, die Teilnahme an Aktivitäten, die Online-Beteiligung, die Suche nach Mentoren, die Freiwilligenarbeit, den Erwerb von Lizenzen und den Austausch von Ausrüstung werden Sie zu einem integralen Bestandteil einer unterstützenden und sachkundigen Gemeinschaft. Dieses Netzwerk bereichert nicht nur Ihr Hobby, sondern stärkt auch Ihre Fähigkeit, zur wichtigen Rolle des Amateurfunks in der Kommunikation und im öffentlichen Dienst beizutragen und davon zu profitieren.

Teilnahme an Amateurfunkclubs und -netzwerken

Der Beitritt zu Amateurfunkclubs und -netzwerken bietet zahlreiche Vorteile, die Ihre Erfahrungen mit Amateurfunk verbessern, egal ob Sie Anfänger oder erfahrener Funker sind. Diese Organisationen stellen Bildungsressourcen zur Verfügung, fördern das Gemeinschaftsgefühl und bieten praktische Lern- und Servicemöglichkeiten. Hier finden Sie einen detaillierten Überblick über die Vorteile der Mitgliedschaft in diesen Gruppen und darüber, wie Sie sich effektiv engagieren und beteiligen können.

Einer der Hauptvorteile der Mitgliedschaft in einem Amateurfunkclub ist der Zugang zu einer Fülle von Wissen. Clubs bestehen häufig aus Mitgliedern mit unterschiedlichem Fachwissen, vom Anfänger bis zum erfahrenen Betreiber. Diese Mischung schafft eine Umgebung, in der das Lernen kontinuierlich und vielfältig ist. Erfahrene Mitglieder können Beratung zu technischen Aspekten wie Radioprogrammierung, Antenneneinrichtung und Betriebsabläufen anbieten. Viele Vereine organisieren auch Schulungen, Workshops und Gastvorträge, die Ihnen helfen können, komplexe Themen leichter zu verstehen und praktische Fähigkeiten zu erwerben.

Ein weiterer wesentlicher Vorteil ist das Gemeinschaftsgefühl und die Kameradschaft, die mit der Clubmitgliedschaft einhergehen. Es kann unglaublich lohnend sein, Teil einer Gruppe Gleichgesinnter zu sein, die Ihr Interesse am Amateurfunk teilen. Clubs veranstalten häufig regelmäßige Treffen, gesellschaftliche Veranstaltungen und Feldtage und bieten zahlreiche Möglichkeiten, Freundschaften aufzubauen und Erfahrungen auszutauschen. Dieser soziale Aspekt kann das Hobby angenehmer und erfüllender machen, da Sie Ihre Erfolge teilen und gemeinsam Probleme beheben können.

Auch Vereine und Netzwerke bieten zahlreiche praktische Möglichkeiten zum Handeln und Experimentieren. Viele Clubs nehmen an Wettbewerben und Sonderveranstaltungen teil, die sowohl Spaß machen als auch herausfordernd sein können. Diese Tätigkeiten erfordern häufig Koordination und Teamarbeit, sodass Sie Ihre Bedienfähigkeiten üben und verbessern können. Darüber hinaus können Clubs Projekte wie den Bau und die Wartung von Repeatern oder die Durchführung von Experimenten mit verschiedenen Antennentypen und Modi organisieren. Diese Projekte können praktische Erfahrungen liefern, die für die Vertiefung Ihres Verständnisses der Funktechnologie von unschätzbarem Wert sind.

Wenn Sie sich in einem Amateurfunkclub engagieren, müssen Sie zunächst einen Club finden, der zu Ihren Interessen und Ihrem Standort passt. Die American Radio Relay League (ARRL) und andere nationale Organisationen führen

Verzeichnisse angeschlossener Clubs, die nach Standort durchsucht werden können. Sie können Clubs auch über lokale Gemeindezentren, Online-Foren oder durch Mundpropaganda von anderen Radiobegeisterten finden. Sobald Sie einen Club identifiziert haben, kontaktieren Sie ihn per E-Mail oder Telefon, um Ihr Interesse zu bekunden und sich über die Teilnahme an einem Treffen oder einer Veranstaltung zu erkundigen.

Die Teilnahme an Ihrem ersten Clubtreffen kann ein aufregender Schritt sein. Treffen finden in der Regel monatlich statt und bieten die Möglichkeit, andere Mitglieder zu treffen, sich über bevorstehende Veranstaltungen zu informieren und an Diskussionen teilzunehmen. Wenn Sie an einem Meeting teilnehmen, stellen Sie sich vor und erzählen Sie etwas über Ihre Erfahrungen und Interessen im Amateurfunk. Zögern Sie nicht, Fragen zu stellen oder Rat einzuholen. Die Clubmitglieder sind im Allgemeinen sehr gastfreundlich und bereit, Neuankömmlingen zu helfen.

Die Teilnahme an Clubaktivitäten ist der Schlüssel dazu, das Beste aus Ihrer Mitgliedschaft herauszuholen. Clubs veranstalten oft verschiedene Veranstaltungen, wie zum Beispiel Feldtage, bei denen Mitglieder tragbare Stationen im Freien aufstellen, um Notfallkommunikationsfähigkeiten zu üben und der Öffentlichkeit das Hobby vorzuführen. Wettbewerbe sind eine weitere beliebte Aktivität und bieten ein wettbewerbsorientiertes und dennoch freundliches Umfeld, in dem Sie Ihre Bedienfähigkeiten im Vergleich zu anderen testen können. Öffentliche Veranstaltungen, wie die Bereitstellung von Kommunikationsunterstützung für Marathonläufe oder Katastrophenübungen, bieten eine Möglichkeit, der Gemeinschaft etwas zurückzugeben und gleichzeitig Ihre Fähigkeiten zu verbessern.

Der Beitritt zu Online-Netzwerken und Foren ist eine weitere Möglichkeit, an der Amateurfunk-Community teilzunehmen. Auf Plattformen wie QRZ.com, Reddit und Facebook gibt es spezielle Gruppen für Amateurfunker, in denen Sie Fragen stellen, Erfahrungen austauschen und von einer globalen Community lernen können. Diese Online-Foren können besonders nützlich sein, um Lösungen für bestimmte technische Probleme zu finden oder über die neuesten Entwicklungen im Hobby auf dem Laufenden zu bleiben.

Mentoring ist ein wertvoller Aspekt von Amateurfunkclubs und -netzwerken. Viele Clubs bieten Programme an, bei denen erfahrene Betreiber mit Neulingen zusammengebracht werden, um individuelle Betreuung zu bieten. Ein Mentor kann Ihnen dabei helfen, die Komplexität des Erwerbs Ihrer Lizenz, der Einrichtung Ihrer Ausrüstung und dem Verständnis der Nuancen verschiedener Betriebsmodi und Bänder zu bewältigen. Diese personalisierte Unterstützung kann Ihr Lernen beschleunigen und Ihr Selbstvertrauen als Bediener stärken.

Eine weitere hervorragende Möglichkeit, sich zu engagieren, ist die ehrenamtliche Mitarbeit bei Vereinsaufgaben oder Projekten. Clubs sind häufig auf ehrenamtliche Mitglieder angewiesen, um Veranstaltungen zu organisieren, die Kommunikation zu verwalten oder technische Aufgaben wie die Wartung von Repeatern zu erledigen. Durch ehrenamtliches Engagement tragen Sie nicht nur zum Erfolg des Clubs bei, sondern sammeln auch wertvolle Erfahrungen und bauen stärkere Verbindungen zu anderen Mitgliedern auf. Selbst kleine Beiträge, wie die Unterstützung bei der Vorbereitung einer Veranstaltung oder die Unterstützung bei Verwaltungsaufgaben, können einen großen Unterschied machen.

Für diejenigen, die ihre Amateurfunklizenzen erwerben oder verbessern möchten, können Vereine entscheidende Unterstützung leisten. Viele Clubs bieten Lizenzierungskurse und Testsitzungen an, die Ihnen bei der Vorbereitung und dem Bestehen der erforderlichen Prüfungen helfen können. In diesen Kursen wird das Material in der Regel strukturiert behandelt, um das Verstehen und Behalten der Informationen zu erleichtern. Darüber hinaus können Clubmitglieder Ratschläge zum Lizenzierungsprozess und zu den Erwartungen bei den Prüfungen geben.

Die Mitgliedschaft in einem Amateurfunkclub oder -netzwerk verbessert Ihre Fähigkeit, an der Notfallkommunikation teilzunehmen. Vereine arbeiten häufig eng mit örtlichen Notfallmanagementbehörden zusammen und nehmen an Notfallübungen und -übungen teil. Als aktives Mitglied können Sie zu diesen Bemühungen beitragen und sind besser darauf vorbereitet, in tatsächlichen Notfällen Kommunikationsunterstützung zu leisten. Diese Rolle ist ein wichtiger Teil des

Amateurfunkdienstes und unterstreicht die Bedeutung des Amateurfunks als zuverlässiges Kommunikationsmittel in Zeiten der Not.

Der Beitritt zu Amateurfunkclubs und -netzwerken bietet Bildungsressourcen, Unterstützung durch die Gemeinschaft, praktische Einsatzmöglichkeiten und einen Weg zu Mentoring und Freiwilligenarbeit. Um sich zu engagieren, suchen Sie zunächst einen Club vor Ort, besuchen Sie Treffen, nehmen Sie an Veranstaltungen teil, engagieren Sie sich in Online-Foren, suchen Sie Mentoren, übernehmen Sie ehrenamtlich Rollen und nutzen Sie Clubressourcen für die Lizenzierung und Notfallkommunikation. Auf diese Weise bereichern Sie Ihre Erfahrungen mit Amateurfunk und werden ein geschätztes Mitglied einer lebendigen und unterstützenden Gemeinschaft.

Organisation von Community-Übungen und Schulungssitzungen

Die Organisation und Durchführung von Gemeinschaftsübungen und Trainingseinheiten mit Baofeng-Funkgeräten ist ein entscheidender Bestandteil der Gewährleistung der Vorbereitung und effektiven Kommunikation in Notfällen. Diese Übungen helfen nicht nur Einzelpersonen, sich mit dem Funkbetrieb vertraut zu machen, sondern stärken auch die Koordination und das Vertrauen unter den Community-Mitgliedern. Hier finden Sie eine detaillierte Anleitung zur effektiven Planung und Durchführung dieser Übungen und Trainingseinheiten.

Beginnen Sie damit, den Zweck und die Ziele der Übung oder Schulungssitzung zu verstehen. Das Hauptziel besteht darin, sicherzustellen, dass alle Teilnehmer wissen, wie sie ihre Baofeng-Funkgeräte effizient nutzen und die

Kommunikationsprotokolle verstehen, die im Notfall verwendet werden. Definieren Sie klare Ziele, z. B. die Einarbeitung der Teilnehmer in grundlegende Funkvorgänge, das Testen der Kommunikationsreichweite und das Üben spezifischer Notfallszenarien.

Nachdem Sie Ihre Ziele definiert haben, besteht der nächste Schritt darin, die notwendigen Ressourcen zu sammeln und vorzubereiten. Stellen Sie sicher, dass alle Teilnehmer über ein funktionierendes Baofeng-Radio verfügen und die Grundfunktionen verstehen, wie z. B. das Einschalten, das Einstellen von Frequenzen und die Verwendung der Push-to-Talk-Taste. Es ist auch hilfreich, bei Geräteproblemen Ersatzradios, Akkus und Ladegeräte zur Hand zu haben. Bereiten Sie gedruckte oder digitale Leitfäden vor, die die Schritte zum Betrieb der Funkgeräte, die häufig zu verwendenden Frequenzen und die Kommunikationsprotokolle beschreiben, die während der Übung befolgt werden.

Die Planung der Logistik der Übung ist für eine reibungslose Durchführung unerlässlich. Wählen Sie ein geeignetes Datum und eine geeignete Uhrzeit, die der Mehrheit der Teilnehmer gerecht wird. Wochenenden oder Abende könnten für die meisten Menschen am besten sein. Wählen Sie einen zentralen Ort, der leicht erreichbar ist, z. B. ein Gemeindezentrum, einen Park oder eine Schule. Wenn die Übung mehrere Standorte umfasst, stellen Sie sicher, dass alle Standorte bestätigt sind und die Teilnehmer wissen, wohin sie gehen müssen.

Erstellen Sie einen detaillierten Übungsplan, der die Abfolge der Ereignisse beschreibt. Beginnen Sie mit einer kurzen Einführung und einem Überblick über die Ziele, gefolgt von einer schrittweisen Demonstration des Funkbetriebs. Diese Demonstration sollte das Einschalten des Radios, das Einstellen der Lautstärke, das Auswählen von Kanälen und die Verwendung aller relevanten Funktionen wie das Scannen oder die Verwendung von CTCSS/DCS-Codes zum Schutz der Privatsphäre umfassen. Führen Sie nach der Vorführung eine praktische Übungseinheit durch, bei der die Teilnehmer ihre Funkgeräte testen und Fragen stellen können.

Es ist wichtig, konkrete Szenarien in Ihre Übung einzubeziehen, um reale Notfallsituationen zu simulieren. Zu diesen Szenarien können eine Scheinevakuierung, eine Such- und Rettungsaktion oder die Koordinierung der Unterstützung während einer Naturkatastrophe gehören. Weisen Sie den Teilnehmern Rollen zu, z. B. Einsatzleiter, Teamleiter und Kommunikationsoffiziere, um die Struktur eines tatsächlichen Notfallteams nachzuahmen. Dieses Rollenspiel hilft den Teilnehmern, die Bedeutung einer klaren Kommunikation und der Einhaltung von Protokollen zu verstehen.

Ermutigen Sie die Teilnehmer während der Übung, die richtige Funketikette zu üben. Dazu gehört, klar und prägnant zu sprechen, sich mit Rufzeichen zu identifizieren und empfangene Nachrichten zu bestätigen. Betonen Sie, wie wichtig es ist, ein ruhiges und gelassenes Auftreten beizubehalten, da dies die Effektivität der Kommunikation in einem echten Notfall erheblich beeinträchtigen kann.

Um die Übung realistischer zu gestalten, fügen Sie Elemente der Überraschung und Unvorhersehbarkeit ein. Dabei kann es sich um simulierte Stromausfälle, unerwartete Änderungen im Szenario oder zusätzliche Aufgaben handeln, die schnelles Denken und Problemlösen erfordern. Diese Elemente helfen den Teilnehmern, sich an veränderte Bedingungen anzupassen und ihre Fähigkeit zu verbessern, unter Druck zu kommunizieren.

Führen Sie nach der Übung eine Nachbesprechung durch, um die Leistung zu überprüfen und Verbesserungsmöglichkeiten zu identifizieren. Sammeln Sie Feedback von den Teilnehmern darüber, was gut gelaufen ist und vor welchen Herausforderungen sie standen. Besprechen Sie alle technischen Probleme mit den Funkgeräten, wie z. B. Signalstörungen oder Batterieprobleme, und bieten Sie Lösungen für zukünftige Übungen an. Nutzen Sie dieses Feedback, um Ihre Pläne zu verfeinern und notwendige Anpassungen für nachfolgende Übungen vorzunehmen.

Auch regelmäßige Trainingseinheiten sind wichtig, um die im Training erlernten Fähigkeiten aufrechtzuerhalten und zu verbessern. Diese Sitzungen können sich auf bestimmte Aspekte des Radiobetriebs konzentrieren, wie etwa das Programmieren von Kanälen, die Verwendung von Repeatern oder erweiterte Funktionen wie Dual-Watch- und Dual-Standby-Modi. Indem Sie das Wissen und die Fähigkeiten der Teilnehmer kontinuierlich weiterentwickeln, stellen Sie sicher, dass sie ihre Baofeng-Funkgeräte weiterhin kompetent und sicher nutzen.

Die Förderung der Übungen und Trainingseinheiten innerhalb der Community ist für eine maximale Beteiligung unerlässlich. Nutzen Sie verschiedene Kommunikationskanäle wie Community-Schwarze Bretter, soziale Medien, E-Mail-Newsletter und Mundpropaganda, um Bewohner über bevorstehende Veranstaltungen zu informieren. Heben Sie die Bedeutung dieser Übungen für die Verbesserung der Sicherheit und Vorbereitung der Gemeinschaft hervor.

Die Zusammenarbeit mit örtlichen Rettungsdiensten wie Feuerwehr, Polizei und Sanitätern kann Ihren Übungen einen erheblichen Mehrwert verleihen. Diese Fachleute können Einblicke in reale Notfallkommunikationspraktiken geben und an den Übungen teilnehmen, um ein umfassenderes Schulungserlebnis zu schaffen. Ihr Engagement trägt auch dazu bei, stärkere Beziehungen zwischen der Gemeinde und den Notfallhelfern aufzubauen.

Die Dokumentation ist ein wichtiger Aspekt bei der Organisation von Gemeinschaftsübungen. Führen Sie Aufzeichnungen über jede Übung, einschließlich der Ziele, Teilnehmer, Szenarien, Ergebnisse und Rückmeldungen. Diese Dokumentation hilft, den Fortschritt im Laufe der Zeit zu verfolgen, Trends zu erkennen und den Wert dieser Aktivitäten für die Community und potenzielle Geldgeber zu demonstrieren.

Die Organisation und Durchführung von Gemeinschaftsübungen und Schulungen mit Baofeng-Funkgeräten erfordert sorgfältige Planung, Ressourcenvorbereitung, effektive Durchführung und kontinuierliche Verbesserung. Indem Sie klare Ziele festlegen, praktische Übungen anbieten, reale Szenarien simulieren und den Prozess regelmäßig überprüfen und verfeinern, können Sie sicherstellen, dass Ihre Gemeinde gut darauf vorbereitet ist, Baofeng-Funkgeräte in jeder Notfallsituation effektiv einzusetzen.

Online-Ressourcen und Foren für kontinuierliches Lernen

Für diejenigen, die ihr Wissen erweitern und über Baofeng-Radios und bidirektionale Kommunikation auf dem Laufenden bleiben möchten, gibt es zahlreiche Online-Ressourcen, Foren und Communities, die wertvolle Informationen und Unterstützung bieten. Die Nutzung dieser Plattformen kann Ihr Verständnis verbessern, praktische Tipps geben und Sie mit anderen Enthusiasten verbinden. Hier finden Sie einen umfassenden Leitfaden zu einigen der besten verfügbaren Online-Ressourcen.

Eine der beliebtesten und umfassendsten Ressourcen ist die RadioReference-Website. Diese Website ist eine Fundgrube an Informationen für Radiobegeisterte und bietet eine umfangreiche Datenbank mit Frequenzen, Diskussionsforen und ein Wiki mit detaillierten Artikeln zu verschiedenen radiobezogenen Themen. Die Foren der Website sind besonders nützlich für die Fehlerbehebung, den Erfahrungsaustausch und das Stellen von Fragen zu bestimmten Modellen wie dem Baofeng UV-5R. Die aktive Community umfasst sowohl Anfänger als auch erfahrene Benutzer, die immer bereit sind zu helfen.

Die Website der ARRL (American Radio Relay League) ist eine weitere unschätzbar wertvolle Ressource. Als nationaler Verband für Amateurfunk in den Vereinigten Staaten bietet ARRL eine Fülle von Informationen, darunter Artikel, Leitfäden und Lehrmaterialien. Ihr Lernzentrum bietet Kurse und Webinare zu einer Reihe von Themen an, von grundlegender Funkbedienung bis hin zu fortgeschrittenen Kommunikationstechniken. Durch die Mitgliedschaft bei ARRL erhalten Sie außerdem Zugriff auf das QST-Magazin, das ausführliche Artikel und Rezensionen zu den neuesten Geräten und Technologien enthält.

Für diejenigen, die Video-Tutorials bevorzugen, bietet YouTube eine Vielzahl von Kanälen, die sich den Baofeng-Radios und der bidirektionalen Kommunikation widmen. Kanäle wie Ham Radio Crash Course, Tech Minds und NotARubicon Productions bieten detaillierte Rezensionen, Anleitungen und Tipps zur Fehlerbehebung. Diese Kanäle verfügen oft über leicht verständliche Schritt-für-Schritt-Anleitungen, was sie ideal für visuelle Lerner macht. Das Ansehen dieser Videos kann Ihnen helfen, sich schnell auf den neuesten Stand zu bringen und reale Anwendungen verschiedener Merkmale und Funktionen zu sehen.

Auch die R/Baofeng- und R/Amateurradio-Communitys von Reddit sind hervorragende Orte für kontinuierliches Lernen. Diese Subreddits sind lebendige Foren, in denen Benutzer Fragen stellen, Tipps austauschen und die neuesten Entwicklungen in der Welt der Funkgeräte diskutieren. Die Community ist freundlich und hilfsbereit, was sie zu einem großartigen Ort für

Anfänger macht, um Fragen zu stellen und von erfahreneren Betreibern zu lernen. Die durchsuchbaren Archive können auch eine Goldgrube an Informationen zu häufigen Problemen und Lösungen sein.

Die Miklor-Website ist speziell auf Baofeng-Radios zugeschnitten und bietet detaillierte Handbücher, Firmware-Updates und einen umfassenden FAQ-Bereich. Die Leitfäden von Miklor decken alles ab, von der Ersteinrichtung und Programmierung bis hin zu erweiterten Funktionen und Fehlerbehebung. Die Website ist benutzerfreundlich und wird regelmäßig aktualisiert, sodass Sie Zugriff auf die neuesten Informationen und Ressourcen haben.

Auch die Teilnahme an einem Online-Forum wie QRZ.com kann Ihre Lernerfahrung verbessern. QRZ.com ist eine der größten Amateurfunk-Communitys im Internet und bietet Foren, eine Rufzeichendatenbank und

Bildungsressourcen. Die Foren decken ein breites Themenspektrum ab, darunter Gerätebewertungen, technischen Support und allgemeine Diskussionen über Amateurfunk. Die Teilnahme an diesen Diskussionen kann Einblicke und Wissen liefern, die Sie woanders möglicherweise nicht finden.

Facebook-Gruppen, die sich Baofeng-Radios und Amateurfunk-Enthusiasten widmen, können eine weitere wertvolle Ressource sein. Gruppen wie „Baofeng Radio Users" und „Amateur Radio" sind aktive Communities, in denen Mitglieder Updates veröffentlichen, Tipps austauschen und Unterstützung leisten. Diese Gruppen veranstalten oft Live-Frage-und-Antwort-Sitzungen, teilen nützliche Links und organisieren virtuelle Treffen, die Ihnen helfen können, engagiert und informiert zu bleiben.

Für diejenigen, die sich für die Softwareprogrammierung für Baofeng-Radios interessieren, bietet die CHIRP-Software-Website umfangreiche Dokumentation und Benutzerforen. CHIRP ist ein beliebtes Open-Source-Tool zum Programmieren von Radios und seine Website bietet Downloads, Benutzerhandbücher und ein Support-Forum. Durch die Zusammenarbeit mit der CHIRP-Community können Sie besser verstehen, wie Sie die Einstellungen Ihres Radios anpassen und dessen Funktionen optimal nutzen können.

Die Ham Radio Deluxe-Software-Community ist eine weitere hervorragende Ressource für diejenigen, die ihr Funkkommunikationserlebnis verbessern möchten. Ham Radio Deluxe bietet eine Reihe von Softwaretools für Funksteuerung, Protokollierung und digitale Modi. Auf ihrer Website finden Sie Tutorials, Benutzerhandbücher und ein Support-Forum, in dem Sie Fragen stellen und Erfahrungen mit anderen Benutzern austauschen können.

Für internationale Nutzer bietet die Website der IARU (International Amateur Radio Union)

Informationen zu weltweiten Amateurfunkaktivitäten, Vorschriften und Veranstaltungen. Die IARU vertritt die Interessen von Amateurfunkern weltweit und bietet Ressourcen in mehreren Sprachen an. Ihre Website enthält Artikel, aktuelle Nachrichten und Links zu regionalen Organisationen, was sie zu einer wertvollen Ressource für Betreiber außerhalb der USA macht.

Die Online-Zusammenarbeit mit lokalen Amateurfunkclubs und -organisationen kann zu einer persönlicheren Lernerfahrung führen. Viele Clubs verfügen über Websites oder Social-Media-Seiten, auf denen sie Updates, Veranstaltungsinformationen und Bildungsressourcen veröffentlichen. Der Beitritt zu diesen Online-Communities kann Ihnen helfen, mit lokalen Enthusiasten in Kontakt zu treten, an virtuellen Veranstaltungen teilzunehmen und Zugang zu regionalspezifischen Informationen und Unterstützung zu erhalten.

Es gibt zahlreiche Online-Ressourcen, Foren und Communities, die Ihnen dabei helfen können, sich weiter über Baofeng-Radios und die bidirektionale Kommunikation zu informieren. Durch die Erkundung dieser Plattformen können Sie Ihr Wissen vertiefen, über die neuesten Entwicklungen auf dem Laufenden bleiben und mit einer unterstützenden Community von Gleichgesinnten in Kontakt treten. Egal, ob Sie lieber Artikel lesen, Videos ansehen oder an Diskussionen teilnehmen, diese Ressourcen bieten eine Fülle von Informationen, die Ihnen helfen, Ihr Baofeng-Radio optimal zu nutzen.

KAPITEL 9

Verbesserung der Reichweite und Leistung

Optimierung der Antennenplatzierung und -auswahl

Die Optimierung der Antennenplatzierung und die Auswahl des richtigen Antennentyps sind entscheidende Schritte zur Verbesserung der Reichweite und Leistung Ihres Baofeng-Radios. Wenn Sie die Prinzipien hinter der Antennenfunktion verstehen und fundierte Entscheidungen treffen, können Sie die Kommunikationsfähigkeiten Ihres Funkgeräts erheblich verbessern.

Die Platzierung der Antenne ist für die Maximierung der Signalstärke und -reichweite von entscheidender Bedeutung. Achten Sie bei der

Positionierung Ihrer Antenne auf einen möglichst hohen und möglichst hindernisfreien Standort. Dies liegt daran, dass sich Funksignale geradlinig ausbreiten und durch Hindernisse wie Gebäude, Bäume und Gelände blockiert oder geschwächt werden können. Wenn Sie Ihre Antenne auf dem Dach eines Gebäudes oder auf einem hohen Mast platzieren, können Sie eine freie Sichtverbindung gewährleisten und so Signale über größere Entfernungen senden und empfangen.

Ein weiterer wichtiger Faktor bei der Antennenplatzierung ist die Umgebung. Städtische Gebiete mit vielen Gebäuden und Metallstrukturen können Reflexionen und Mehrwegestörungen verursachen, die zu einer Verschlechterung des Signals führen. In solchen Umgebungen können diese Probleme minimiert werden, indem die Antenne über die umgebenden Strukturen angehoben wird. Umgekehrt kommt es in ländlichen oder offenen Gebieten vor allem auf die Höhe an, da dort weniger Hindernisse vorhanden sind. Stellen Sie sicher, dass Ihre Antenne höher als die unmittelbare Umgebung ist, um die Reichweite zu maximieren.

Auch der gewählte Antennentyp spielt eine wichtige Rolle für die Leistung. Für Baofeng-Radios gibt es verschiedene Antennentypen, von denen jeder seine eigenen Vorteile hat. Zu den gebräuchlichsten Typen gehören die Gummi-Entenantenne, die Peitschenantenne und die Hochleistungsantenne.

Die Gummi-Entenantenne ist die Standardantenne, die den meisten Handfunkgeräten beiliegt. Es ist kurz und flexibel und daher praktisch für den mobilen Einsatz. Allerdings bietet es im Vergleich zu anderen Optionen eine begrenzte Reichweite. Um die Leistung zu verbessern, sollten Sie ein Upgrade auf eine Peitschenantenne in Betracht ziehen. Peitschenantennen sind länger und steifer und ermöglichen aufgrund ihrer größeren Länge einen besseren Signalempfang und -übertragung.

Sie sind besonders nützlich für Outdoor-Aktivitäten, bei denen Sie eine robustere Verbindung benötigen.

Hochleistungsantennen sind eine weitere hervorragende Option zur Erhöhung der Reichweite. Diese Antennen sind so konzipiert, dass sie das Funksignal in eine bestimmte Richtung fokussieren und so die effektive Sende- und Empfangsentfernung erhöhen. Sie eignen sich ideal für Situationen, in denen Sie über große Entfernungen oder in Bereichen mit erheblichen Hindernissen kommunizieren müssen. Hochleistungsantennen sind jedoch normalerweise größer und erfordern möglicherweise eine dauerhaftere Installation.

Zusätzlich zur Auswahl des richtigen Antennentyps kann die Verwendung einer externen Antenne die Leistung Ihres Radios weiter steigern. Externe Antennen werden außerhalb von Gebäuden oder Fahrzeugen montiert und über ein Koaxialkabel mit Ihrem Radio verbunden. Sie sind in der Regel größer und können in größeren Höhen positioniert werden, was im Vergleich zu Handantennen eine bessere Reichweite und Signalklarheit bietet. Für den mobilen Einsatz kann eine magnetisch befestigte Antenne, die auf dem Dach Ihres Autos angebracht wird, die Kommunikation während der Fahrt verbessern.

Es ist auch wichtig, die Polarisation Ihrer Antenne zu kennen. Die meisten Handfunkgeräte verwenden vertikal polarisierte Antennen, was bedeutet, dass die Funkwellen vertikal ausgerichtet sind. Stellen Sie für eine optimale Leistung sicher, dass alle Funkgeräte in Ihrem Kommunikationsnetzwerk dieselbe Polarisation verwenden. Eine nicht übereinstimmende Polarisation kann zu erheblichen Signalverlusten führen. Wenn Sie eine externe Antenne verwenden, hilft die vertikale oder horizontale Ausrichtung entsprechend der Polarisation der anderen Antennen in Ihrem Netzwerk dabei, die Signalintegrität aufrechtzuerhalten.

Kabelqualität und -länge sind zusätzliche Faktoren bei der Optimierung der Antennenleistung. Das Koaxialkabel, das Ihr Radio mit einer externen Antenne verbindet, sollte von hoher Qualität und so kurz wie möglich sein. Längere Kabel führen zu Signalverlusten, die die Gesamteffektivität Ihrer Antennenanordnung verringern können. Die Investition in verlustarme Koaxialkabel kann dieses Problem mildern und dafür sorgen, dass mehr Leistung Ihres Radios die Antenne erreicht und eingehende Signale klarer empfangen werden.

Ein weiterer Tipp zur Maximierung der Antennenleistung besteht darin, Ihre Antenne und Anschlüsse regelmäßig zu überprüfen und zu warten. Im Laufe der Zeit kann die Witterungseinwirkung zu einem Verschleiß an Antennen, Kabeln und Anschlüssen führen. Durch regelmäßige Überprüfung auf Beschädigungen und Sicherstellung, dass alle Verbindungen sicher sind, können Signalverluste verhindert und eine optimale

Leistung aufrechterhalten werden. Auch das Reinigen der Antenne und der Anschlüsse kann hilfreich sein, da Schmutz und Korrosion die Signalübertragung beeinträchtigen können.

In manchen Fällen kann die Verwendung eines Signalverstärkers oder Boosters die Reichweite Ihres Funkgeräts erhöhen. Diese Geräte verstärken das von Ihrem Funkgerät kommende Signal, bevor es die Antenne erreicht, und erhöhen so die effektive Kommunikationsentfernung. Es ist jedoch wichtig, Verstärker zu verwenden, die mit Ihrem Radio kompatibel sind und die von den Regulierungsbehörden festgelegten gesetzlichen Sendeleistungsgrenzen einhalten, um Störungen anderer Kommunikationen zu vermeiden.

Berücksichtigen Sie das von Ihnen verwendete Frequenzband. Baofeng-Radios arbeiten normalerweise auf den Bändern VHF (Very High Frequency) und UHF (Ultra High Frequency). UKW-Signale reichen weiter und können Laub und andere nichtmetallische Hindernisse besser durchdringen, sodass sie für den Einsatz im Freien und in ländlichen Umgebungen geeignet sind. UHF-Signale hingegen können Gebäude und städtische Strukturen besser durchdringen, haben aber eine geringere Reichweite. Das Verständnis der Eigenschaften dieser Frequenzbänder kann Ihnen bei der Auswahl der besten Antennen- und Platzierungsstrategie für Ihre spezifischen Kommunikationsanforderungen helfen.

Die Optimierung der Antennenplatzierung und -auswahl erfordert eine Kombination aus strategischer Positionierung, Auswahl des richtigen Antennentyps, Wartung der Ausrüstung und Verständnis der Eigenschaften Ihrer Betriebsumgebung. Durch die sorgfältige Berücksichtigung dieser Faktoren können Sie die Reichweite und Leistung Ihres Baofeng-Funkgeräts erheblich steigern und so eine zuverlässige Kommunikation gewährleisten, egal ob Sie sich in einer städtischen Umgebung, auf dem Land oder unterwegs befinden.

Verwendung von Signalverstärkern und Repeatern

Der Einsatz von Signalverstärkern und Repeatern kann die Reichweite von Baofeng-Funkgeräten erheblich erweitern und ihre Wirksamkeit sowohl für den gelegentlichen Gebrauch als auch für kritische Kommunikationsanforderungen verbessern. Wenn Sie verstehen, wie diese Geräte funktionieren, und die richtigen Installations- und Verwendungspraktiken befolgen, können Sie die Leistung Ihres Radios maximieren.

Signalverstärker, auch Verstärker genannt, sind Geräte, die die Leistung eines Funksignals erhöhen und dadurch seine Reichweite vergrößern. Wenn ein Funkgerät ein Signal sendet, verstärkt ein Verstärker dieses Signal, bevor es die Antenne erreicht, und stellt so sicher, dass es weitere Entfernungen zurücklegen kann. Beim Empfang eines Signals verstärkt ein Verstärker die Stärke des eingehenden Signals, wodurch es klarer und zuverlässiger wird. Verstärker sind besonders nützlich in Umgebungen, in denen Hindernisse oder große Entfernungen die Signale schwächen können, beispielsweise in städtischen Gebieten mit vielen Gebäuden oder ländlichen Gebieten mit großen Freiflächen.

Die Installation eines Signalverstärkers umfasst mehrere Schritte. Zunächst müssen Sie einen Verstärker auswählen, der mit dem Frequenzbereich Ihres Baofeng-Radios kompatibel ist. Die meisten Baofeng-Radios arbeiten auf VHF- und UHF-Frequenzen. Stellen Sie daher sicher, dass der Verstärker diese Bänder unterstützt. Sobald Sie den richtigen Verstärker haben, schließen Sie ihn über ein Koaxialkabel an Ihr Radio an. Platzieren Sie den Verstärker so nah wie möglich an der Antenne, um Signalverluste zu minimieren. Stellen Sie sicher, dass alle Verbindungen sicher sind, um Störungen zu vermeiden und die Signalqualität aufrechtzuerhalten.

Die Stromversorgung des Boosters ist ein weiterer entscheidender Schritt. Die meisten Signalverstärker benötigen eine externe Stromquelle. Stellen Sie sicher, dass Sie über eine zuverlässige Stromversorgung verfügen. Wenn Sie den Booster mobil verwenden, ziehen Sie Optionen wie Autobatterieadapter in Betracht. Befolgen Sie die Anweisungen des Herstellers zum Anschließen der Stromquelle, um eine Beschädigung des Boosters oder Ihrer Funkausrüstung zu vermeiden.

Repeater sind ein weiteres leistungsstarkes Werkzeug zur Erweiterung der Reichweite von Baofeng-Funkgeräten. Im Gegensatz zu Boostern, die Signale verstärken, empfangen Repeater ein Signal auf einer Frequenz und übertragen es auf einer anderen weiter, wodurch sich die Entfernung, die das Signal zurücklegen kann, effektiv verdoppelt. Repeater werden typischerweise an festen Standorten eingesetzt, beispielsweise auf hohen Gebäuden oder Türmen, wo sie eine großflächige Abdeckung gewährleisten können.

Die Einrichtung eines Repeaters erfordert mehrere Überlegungen. Wählen Sie zunächst einen geeigneten Standort aus. Je höher die Platzierung, desto besser ist der Abdeckungsbereich. Stellen Sie sicher, dass der Standort eine klare Sichtlinie zu den Bereichen hat, die Sie abdecken möchten, und minimieren Sie Hindernisse wie Gebäude oder Hügel, die das Signal blockieren könnten. Sobald Sie einen Standort ausgewählt haben, montieren Sie den Repeater sicher und befolgen Sie dabei die Richtlinien des Herstellers.

Als nächstes konfigurieren Sie die Frequenzen des Repeaters. Ein Repeater empfängt ein Signal auf einer Frequenz, der so genannten Eingangsfrequenz, und sendet es auf einer anderen, der so genannten Ausgangsfrequenz, weiter. Stellen Sie sicher, dass diese Frequenzen einen angemessenen Abstand haben, um Rückkopplungen oder Interferenzen zu vermeiden. Die Programmierung dieser Frequenzen in Ihr Baofeng-Radio ist von entscheidender Bedeutung, damit es effektiv mit dem Repeater kommunizieren kann.

Der Anschluss des Repeaters an Antennen ist ein weiterer wichtiger Schritt. Repeater benötigen in der Regel zwei Antennen: eine zum Empfangen und eine zum Senden. Diese Antennen sollten so weit wie möglich voneinander entfernt platziert werden, um Störungen zu vermeiden. Verwenden Sie hochwertige Koaxialkabel, um die Antennen mit dem Repeater zu verbinden und stellen Sie sicher, dass alle Verbindungen fest und wetterfest sind, wenn die Installation im Freien erfolgt.

Wenn Sie einen Repeater mit Ihrem Baofeng-Radio verwenden, müssen Sie das Radio mit den Eingangs- und Ausgangsfrequenzen des Repeaters programmieren. Dieser Vorgang variiert geringfügig je nach Funkgerätmodell. Im Allgemeinen müssen Sie jedoch auf den Programmiermodus zugreifen, die Frequenzen eingeben und die Einstellungen speichern. Stellen Sie sicher, dass Sie auch alle erforderlichen Offset- und Toneinstellungen konfigurieren, z. B. CTCSS- oder DCS-Codes, die häufig für den Zugriff auf Repeater verwendet werden.

Die Wartung von Boostern und Repeatern ist für eine langfristige Leistung von entscheidender Bedeutung. Überprüfen Sie Anschlüsse und Kabel regelmäßig auf Verschleiß und tauschen Sie beschädigte Komponenten zeitnah aus. Halten Sie die Ausrüstung sauber und schützen Sie sie vor Umwelteinflüssen wie Regen oder extremen Temperaturen. Bei Repeatern empfiehlt sich eine regelmäßige Überprüfung, um sicherzustellen, dass sie ordnungsgemäß funktionieren und die Antennenplatzierung optimal bleibt.

Sowohl Booster als auch Repeater erhöhen nicht nur die Reichweite, sondern verbessern auch die Signalklarheit und -zuverlässigkeit. In

Notsituationen, in denen die Kommunikation von entscheidender Bedeutung ist, kann ein robuster Aufbau dieser Geräte einen erheblichen Unterschied machen. Sie stellen sicher, dass Nachrichten klar übermittelt und empfangen werden, wodurch das Risiko von Missverständnissen oder verpasster Kommunikation verringert wird.

Auch rechtliche Überlegungen sind beim Einsatz von Signalverstärkern und Repeatern wichtig. Stellen Sie sicher, dass Ihre Nutzung den örtlichen Vorschriften und Lizenzanforderungen entspricht. In vielen Regionen sind für die Verwendung von Repeatern und Hochleistungs-Boostern möglicherweise spezielle Lizenzen erforderlich. Erkundigen Sie sich bei Ihrer örtlichen Kommunikationsbehörde, um die Vorschriften zu verstehen und die erforderlichen Genehmigungen einzuholen.

Für eine effektive Community-Nutzung kann die Einrichtung eines Repeater-Netzwerks von Vorteil sein. Dazu gehört die Abstimmung mit anderen Funknutzern in Ihrer Nähe, um eine Reihe von Repeatern einzurichten, die eine umfassende Abdeckung gewährleisten. Solche Netzwerke können die Kommunikation für Gruppen wie Notfallhelfer, Veranstaltungskoordinatoren und Nachbarschaftsüberwachungsprogramme verbessern.

Signalverstärker und Repeater sind unschätzbare Hilfsmittel zur Vergrößerung der Reichweite und zur Verbesserung der Leistung von Baofeng-Funkgeräten. Durch sorgfältige Auswahl, Installation und Wartung dieser Geräte können Sie eine zuverlässige und klare Kommunikation über größere Entfernungen gewährleisten. Ob für den persönlichen Gebrauch, für gemeinschaftliche Aktivitäten oder zur Notfallvorsorge: Wenn Sie Booster und Repeater verstehen und effektiv nutzen, können Sie Ihre Funkkommunikationsfähigkeiten erheblich verbessern.

Umweltfaktoren, die die Signalstärke beeinflussen

Umweltfaktoren spielen eine wichtige Rolle für die Leistung und Zuverlässigkeit von Baofeng-Radios. Wenn Benutzer verstehen, wie sich Gelände, Wetter und Hindernisse auf die Signalstärke auswirken, können sie ihre Kommunikationsstrategien optimieren. Durch die Kenntnis dieser Einflüsse und die Umsetzung von Strategien zur Abschwächung ihrer Auswirkungen können Benutzer konsistentere und klarere Übertragungen gewährleisten.

Das Gelände ist einer der kritischsten Faktoren, die die Funksignalstärke beeinflussen. Funkwellen breiten sich geradlinig aus und können durch Hügel, Berge und andere natürliche Formationen behindert werden. Beispielsweise können in Bergregionen Signale blockiert oder reflektiert werden, was zu einer schwachen oder unzuverlässigen Kommunikation führt. Um diese Probleme zu mildern, ist es wichtig, dass Sie sich an einem Ort aufhalten, an dem Sie freie Sicht auf die Person haben, mit der Sie kommunizieren. Wenn Sie Ihre Position erhöhen, z. B. indem Sie sich auf eine höhere Ebene begeben oder eine höhere Antenne verwenden, können Sie einige der geländebedingten Herausforderungen meistern. Darüber hinaus kann der Einsatz von in großer Höhe platzierten Repeatern die Reichweite vergrößern, indem das Signal über Hindernisse hinweg erneut übertragen wird.

Auch die Wetterbedingungen wirken sich auf Funksignale aus. Regen, Schnee und Nebel können Radiowellen absorbieren und streuen und so ihre Stärke und Klarheit verringern. Feuchtigkeit in der Luft, insbesondere in Form von starkem Regen oder dichtem Nebel, kann hochfrequente Signale erheblich dämpfen. Kaltes Wetter kann die Batterieleistung beeinträchtigen und dazu führen, dass das Radio schneller an Leistung verliert. Um wetterbedingte Probleme zu mildern, sollten Sie die

Verwendung wetterbeständiger Ausrüstung in Betracht ziehen und sicherstellen, dass Ihr Radio und Ihr Zubehör ordnungsgemäß vor Feuchtigkeit geschützt sind. Beachten Sie bei der Planung von Outdoor-Aktivitäten die Wettervorhersage und planen Sie Ihre Kommunikationsstrategie entsprechend. Halten Sie Ersatzbatterien bei extremer Kälte warm und nah am Körper, um ihre Ladung aufrechtzuerhalten.

Sowohl natürliche als auch künstliche Hindernisse können Funksignale behindern. Gebäude, Bäume und Fahrzeuge können Signale blockieren oder reflektieren, was zu toten Zonen führt, in denen eine Kommunikation unmöglich ist. In städtischen Umgebungen, in denen die Bebauung dicht ist, kann die Signalstärke besonders beeinträchtigt werden. Um diese Herausforderungen zu meistern, verwenden Sie Antennen mit höherer Verstärkung, die das Signal enger fokussieren und Hindernisse effektiver durchdringen können. Auch die Positionierung von Antennen auf Dächern oder anderen erhöhten Strukturen kann dazu beitragen, Hindernisse zu vermeiden. Darüber hinaus sollten Sie bei der Kommunikation in einer Umgebung mit vielen Hindernissen den Einsatz strategisch platzierter Repeater in Betracht ziehen, um Lücken in der Abdeckung zu schließen.

Auch die Dichte und Art der Vegetation kann die Signalstärke beeinflussen. Dichte Wälder mit dichtem Blätterdach können Radiowellen absorbieren und streuen und so das Signal schwächen. Im Gegensatz dazu ermöglichen offene Felder und lichte Waldgebiete eine bessere Signalausbreitung. Beim Betrieb in stark bewaldeten Gebieten kann die Verwendung höherer Frequenzen (wie UHF) manchmal von Vorteil sein, da sie das Laub besser durchdringen können als niedrigere Frequenzen (wie UKW). Allerdings sind UHF-Signale im Allgemeinen anfälliger für die Dämpfung durch Hindernisse, daher ist es von entscheidender Bedeutung, die Wahl der Frequenz mit den Umgebungsbedingungen in Einklang zu bringen.

Städtische Umgebungen stellen aufgrund der Fülle an reflektierenden Oberflächen und elektronischen Störungen besondere Herausforderungen dar. Hohe Gebäude können Mehrwegestörungen verursachen, bei denen Signale von Oberflächen reflektiert werden und zu leicht unterschiedlichen Zeiten beim Empfänger ankommen, was zu Verzerrungen führt. Darüber hinaus können elektronische Geräte wie WLAN-Router, Mikrowellenherde und sogar andere Radios Störungen verursachen. Um diese Auswirkungen zu mildern, verwenden Sie Radios mit guter Rauschunterdrückung und vermeiden Sie Frequenzen, die häufig von anderen elektronischen Geräten verwendet werden. Der Einsatz digitaler Kommunikationsmethoden, die weniger anfällig für Störungen und Signalverschlechterungen sind, kann auch die Klarheit in städtischen Umgebungen verbessern.

Temperaturinversionen, ein Wetterphänomen, bei dem eine Schicht warmer Luft eine Schicht kühlerer Luft in Bodennähe einschließt, können eine ungewöhnliche Signalausbreitung verursachen. Dieser Zustand kann zu „Leitungen" führen, bei denen Signale viel weiter als normal übertragen werden und möglicherweise Störungen bei entfernten Stationen verursachen. Dies kann zwar manchmal von Vorteil sein, um die Reichweite zu erhöhen, kann aber auch zu unerwarteten Kommunikationsproblemen führen. Wenn Sie sich dieser Wetterverhältnisse bewusst sind und Ihre Kommunikationsstrategie entsprechend anpassen, können Sie mit diesen Anomalien umgehen.

Für eine effektive Kommunikation in Umgebungen mit erheblichen Umweltherausforderungen ist ein flexibler Aufbau und die Bereitschaft, Ihre Ausrüstung und Strategie anzupassen, unerlässlich. Das Mitführen verschiedener Antennen, einschließlich tragbarer Antennen mit hoher Verstärkung, kann bei der Anpassung an unterschiedliche Bedingungen hilfreich sein. Auch die Verwendung einer Mischung aus Simplex- und Duplex-Kommunikationsmethoden, wobei Simplex die direkte Kommunikation zwischen Funkgeräten und Duplex die Verwendung von Repeatern umfasst, kann eine zuverlässigere Abdeckung bieten.

In Notsituationen, in denen zuverlässige Kommunikation von entscheidender Bedeutung ist, ist das Verständnis der Auswirkungen von Umweltfaktoren besonders wichtig. Die Vorplanung und Durchführung regelmäßiger Übungen unter verschiedenen Bedingungen kann dabei helfen, potenzielle Probleme zu erkennen und wirksame Strategien zur Schadensbegrenzung zu entwickeln. Mit Backup-Geräten wie zusätzlichen Batterien, Signalverstärkern und tragbaren Repeatern sind Sie auf unerwartete Herausforderungen vorbereitet.

Umweltfaktoren wie Gelände, Wetter und Hindernisse wirken sich erheblich auf die Leistung von Baofeng-Funkgeräten aus. Durch das Verständnis dieser Einflüsse und die Umsetzung von Strategien zur Abschwächung ihrer Auswirkungen können Benutzer die Zuverlässigkeit und Klarheit ihrer Kommunikation verbessern. Ob in städtischen Umgebungen, dichten Wäldern oder offenen Feldern: Vorbereitung und Anpassungsfähigkeit sind der Schlüssel zur Aufrechterhaltung einer effektiven Kommunikation. Durch den Einsatz der richtigen Ausrüstung, Positionierung und Techniken können Sie die durch Umweltfaktoren verursachten Herausforderungen meistern und sicherstellen, dass Ihr Baofeng-Radio in jeder Situation optimal funktioniert.

DIY-Projekte zur Verbesserung der Radioleistung

Die Verbesserung der Leistung von Baofeng-Radios kann eine spannende und lohnende Erfahrung sein. Mit ein paar Do-it-yourself-Projekten und Modifikationen können Sie die Fähigkeiten Ihres Funkgeräts erheblich verbessern und so eine bessere

Kommunikationsreichweite, Klarheit und allgemeine Funktionalität gewährleisten. Diese Projekte reichen von einfachen Antennen-Upgrades bis hin zu komplexeren Modifikationen, bei denen die internen Komponenten des Radios optimiert werden. Hier finden Sie einige detaillierte DIY-Projekte, die Ihnen den Einstieg erleichtern.

Eine der effektivsten Möglichkeiten, die Leistung Ihres Baofeng-Radios zu verbessern, ist die Aufrüstung der Antenne. Die Standardantennen, die mit Baofeng-Radios geliefert werden, sind oft einfach und können verbessert werden. Ein beliebtes Upgrade ist der Austausch der Standardantenne durch eine längere Antenne mit hoher Verstärkung. Antennen wie die Nagoya NA-771 oder Diamond SRJ77CA werden von Enthusiasten wegen ihrer überlegenen Leistung allgemein empfohlen. Diese Antennen sind einfach anzubringen; Schrauben Sie einfach die alte Antenne ab und schrauben Sie die neue ein. Dieses Upgrade kann sowohl die Sende- als auch die

Empfangsfähigkeiten erheblich verbessern, insbesondere in anspruchsvollen Umgebungen.

Für diejenigen, die noch einen Schritt weiter gehen möchten, kann der Bau einer benutzerdefinierten Antenne zu noch größeren Leistungsverbesserungen führen. Ein beliebtes DIY-Projekt ist der Bau einer aufrollbaren J-Pole-Antenne mithilfe einer Leiterschnur oder eines Doppeladerkabels. Die J-Pol-Antenne ist für ihren hervorragenden Rundstrahlempfang und ihre einfache Konstruktion bekannt. Um eines zu bauen, benötigen Sie ein Stück Leiterleitung, ein Koaxialkabel mit einem Stecker, der zu Ihrem Radio passt, und einige grundlegende Werkzeuge wie einen Lötkolben. Indem Sie Online-Tutorials und Diagrammen folgen, können Sie die Leiterleitung auf die entsprechende Länge zuschneiden und löten, das Koaxialkabel anbringen und eine Antenne erstellen, die sich leicht zusammenrollen und transportieren lässt.

Auch die Verbesserung der Erdung Ihres Baofeng-Radios kann die Leistung steigern, insbesondere bei stationärem Einsatz. Eine schlechte Erdung kann zu erhöhtem Rauschen und verringerter Signalklarheit führen. Für ein einfaches DIY-Erdungsprojekt können Sie ein Gegengewicht, auch „Tigerschwanz" genannt, erstellen. Dazu müssen Sie ein Stück Kabel an der Erdungsseite Ihres Antennenanschlusses befestigen. Das Kabel sollte ungefähr die gleiche Länge wie Ihre Antenne haben und kann um die Basis der Antenne gewickelt oder direkt mit dem Gehäuse des Radios verbunden werden. Dieses Gegengewicht fungiert als künstliche Grundebene und verbessert die Signalübertragung und den Signalempfang.

Ein weiteres effektives DIY-Projekt ist das Hinzufügen eines externen Mikrofons und Lautsprechers. Das eingebaute Mikrofon und der Lautsprecher der Baofeng-Radios sind funktionsfähig, können jedoch in lauten Umgebungen oder wenn es auf Klarheit ankommt, einschränkend sein. Externe Mikrofone und Lautsprecher können relativ günstig erworben werden und sorgen für einen deutlich klareren Klang. Sie können auch Ihre eigenen benutzerdefinierten Setups erstellen, indem Sie vorhandene Mikrofone und Lautsprecher modifizieren. Dies kann das Löten von Anschlüssen umfassen, die zu den Ein-/Ausgangsanschlüssen Ihres Radios passen, und möglicherweise den Bau von Gehäusen zur Unterbringung der Komponenten für eine bessere Haltbarkeit und Klangqualität.

Für Benutzer, die mit komplexeren Modifikationen vertraut sind, kann die Verbesserung der Leistungsabgabe Ihres Baofeng-Radios ein lohnendes Projekt sein. Dazu müssen die internen Schaltkreise geändert werden, um die Wattleistung des Radios zu erhöhen. Es ist jedoch wichtig zu beachten, dass dies komplex sein kann und zum Erlöschen jeglicher Garantie für das Gerät führen kann. Darüber hinaus kann eine Erhöhung der Leistungsabgabe zu Problemen bei der Einhaltung gesetzlicher Vorschriften führen. Daher ist es wichtig, die gesetzlichen Grenzwerte in Ihrer Region zu kennen. Wenn Sie sich dazu entschließen, fortzufahren, benötigen Sie detaillierte Schaltpläne Ihres Radiomodells und Erfahrung mit elektronischem Löten und Komponentenaustausch.

Auch das Anpassen der Benutzeroberfläche Ihres Baofeng-Radios kann die Benutzerfreundlichkeit verbessern. Viele Baofeng-Modelle ermöglichen Firmware-Upgrades und individuelle Programmierung über Software wie Chirp. Indem Sie Ihr Radio über ein Programmierkabel an einen Computer anschließen, können Sie aktualisierte Firmware herunterladen und installieren, die möglicherweise neue Funktionen und eine verbesserte Leistung bietet. Darüber hinaus können Sie mit der Chirp-Software benutzerdefinierte Frequenzlisten, Kanalnamen und Einstellungen programmieren und so die Funktionalität des Radios an Ihre spezifischen Bedürfnisse anpassen. Für dieses Projekt müssen Sie die erforderliche

Software herunterladen, die entsprechenden Treiber installieren und die für Ihr Radiomodell spezifischen Programmieranleitungen befolgen.

Für Outdoor-Enthusiasten kann die Schaffung einer robusten Schutzhülle sicherstellen, dass Ihr Baofeng-Radio auch unter rauen Bedingungen funktionsfähig bleibt. Bei diesem DIY-Projekt geht es darum, einen wasserdichten Behälter, beispielsweise einen Pelican-Koffer, umzufunktionieren und ihn so anzupassen, dass er zu Ihrem Radio und Zubehör passt. Durch das Hinzufügen von Schaumstoffeinlagen können Sie das Radio sichern und Schäden durch Stöße und Feuchtigkeit verhindern. Einige Benutzer installieren im Gehäuse auch externe Anschlüsse für Antennen und Mikrofone, sodass das Radio verwendet werden kann, ohne es aus der Schutzhülle zu entfernen.

Eine Verbesserung der Akkuleistung Ihres Baofeng-Radios kann durch ein paar

DIY-Modifikationen erreicht werden. Ein einfaches Projekt ist die Herstellung eines Batteriepakets mit wiederaufladbaren AA- oder 18650-Lithium-Ionen-Batterien. Diese Batteriepacks können mit Batteriehaltern und entsprechender Verkabelung aufgebaut werden und bieten im Vergleich zum Standard-Batteriepack eine langlebigere Stromquelle. Darüber hinaus kann durch das Hinzufügen einer Solarladeeinrichtung sichergestellt werden, dass Ihr Radio auch an abgelegenen Orten betriebsbereit bleibt. Dabei wird ein kleines Solarpanel an einen Laderegler und den Akku des Radios angeschlossen, was einen nachhaltigen netzunabhängigen Betrieb ermöglicht.

Der Bau eines Signalverstärkers oder Boosters kann die Reichweite Ihres Radios erheblich erhöhen. Dieses Projekt ist komplexer und beinhaltet die Erstellung einer Schaltung, die das Funksignal vor der Übertragung verstärkt. Bausätze und Komponenten zum Bau von Signalverstärkern sind online erhältlich. Diese Modifikation erfordert jedoch ein gutes Verständnis der Hochfrequenzelektronik und die sorgfältige Einhaltung von Designspezifikationen, um eine Beschädigung Ihres Funkgeräts oder einen Verstoß gegen die Übertragungsleistungsvorschriften zu vermeiden.

Es gibt zahlreiche DIY-Projekte und Modifikationen, die die Leistung von Baofeng-Radios verbessern können. Von einfachen Antennen-Upgrades bis hin zu komplexeren internen Modifikationen kann jedes Projekt verschiedene Aspekte der Funkfunktionen verbessern. Durch sorgfältige Auswahl und Implementierung dieser Modifikationen können Benutzer ihre Funkgeräte besser an ihre spezifischen Bedürfnisse und Betriebsumgebungen anpassen und so eine zuverlässige und effektive Kommunikation in verschiedenen Situationen gewährleisten.

KAPITEL 10

Zukünftige Trends und Innovationen in der Funkkommunikation

Der Einfluss digitaler Modi auf Funkgeräte

Digitale Kommunikationsmodi revolutionieren den Bereich der Funkgeräte und bringen zahlreiche Fortschritte mit sich, die die Zukunft der Funkkommunikation zu prägen versprechen. Diese digitalen Modi verbessern die Audioqualität, verbessern die Datenübertragung und bieten Funktionen, die analoge Radios einfach nicht bieten können. Wenn Sie die Auswirkungen dieser Modi verstehen und über aktuelle Trends informiert bleiben, können Sie einen Einblick in die zukünftigen Möglichkeiten der Funktechnologie erhalten.

Einer der bedeutendsten Vorteile digitaler Modi gegenüber analogen Modi ist die Klangklarheit. Digitalradios nutzen eine fortschrittliche Signalverarbeitung, um Hintergrundgeräusche und Interferenzen herauszufiltern, was zu einer klareren und zuverlässigeren Kommunikation führt. Dies ist besonders wichtig in lauten Umgebungen oder Situationen, in denen eine präzise Kommunikation entscheidend ist. Digitale Funkgeräte können die Klarheit über größere Entfernungen aufrechterhalten, wohingegen analoge Signale mit zunehmender Entfernung tendenziell schlechter werden und verrauschen.

Digitale Modi ermöglichen auch bessere Datenübertragungsmöglichkeiten. Zusätzlich zur Sprachkommunikation können Digitalradios Textnachrichten, GPS-Koordinaten und andere Arten von Daten senden und empfangen. Diese

Funktion ist besonders in Notsituationen nützlich und ermöglicht die Übertragung wichtiger Informationen auch dann, wenn eine Sprachkommunikation unpraktisch ist. Rettungsteams können beispielsweise ihre genauen Standorte teilen und Organisationen können Warnungen und Anweisungen effizient verbreiten.

Verschlüsselung und Sicherheit sind weitere Bereiche, in denen sich digitale Modi auszeichnen. Digitalradios können hochentwickelte Verschlüsselungsalgorithmen einsetzen, um die Kommunikation vor Abhören zu schützen. Dies ist ein erheblicher Vorteil für Benutzer aus dem Militär, den Strafverfolgungsbehörden und dem privaten Sektor, die sicherstellen müssen, dass ihre Kommunikation vertraulich bleibt. Die Möglichkeit, Daten- und Sprachübertragungen zu verschlüsseln, trägt dazu bei, unbefugten Zugriff zu verhindern und die Integrität vertraulicher Informationen zu wahren.

Der Übergang von analog zu digital wird durch Standards wie Digital Mobile Radio (DMR) und Project 25 (P25) erleichtert. Diese Standards bieten Rahmenbedingungen für die Interoperabilität zwischen verschiedenen Herstellern und stellen sicher, dass Funkgeräte unabhängig von der Marke miteinander kommunizieren können. Diese Interoperabilität ist von entscheidender Bedeutung für groß angelegte Einsätze, an denen mehrere Behörden und Organisationen beteiligt sind, beispielsweise bei der Katastrophenhilfe und der Koordinierung der öffentlichen Sicherheit.

Zu den aktuellen Trends bei digitalen Funkgeräten gehört die Integration von Internet Protocol (IP)-Konnektivität, die es Radios ermöglicht, eine Verbindung zum Internet und anderen IP-basierten Netzwerken herzustellen. Diese Integration eröffnet neue Möglichkeiten der Kommunikation, etwa die Verbindung von Funkgeräten über weite Entfernungen über das Internet oder die Verknüpfung von Funknetzen mit anderen

Kommunikationssystemen wie Smartphones und Computern. Diese Konnektivität unterstützt auch die Fernverwaltung und -programmierung, sodass Benutzer ihre Funkgeräte aktualisieren und konfigurieren können, ohne physischen Zugriff zu benötigen.

Ein weiterer aufkommender Trend ist die Miniaturisierung und Robustheit digitaler Radios. Fortschritte in der Technologie ermöglichen es Herstellern, kleinere, leichtere und langlebigere Radios zu produzieren, ohne Einbußen bei der Leistung hinnehmen zu müssen. Diese kompakten Geräte eignen sich ideal für den Einsatz in rauen Umgebungen und für Personal, das mobil bleiben muss. Moderne Digitalradios können beispielsweise extremen Temperaturen, Feuchtigkeit und physischen Erschütterungen standhalten und sind daher für militärische und industrielle Anwendungen geeignet.

Die Entwicklung softwaredefinierter Funkgeräte (SDRs) ist eine vielversprechende Innovation, die die Zukunft von Funkgeräten erheblich beeinflussen könnte. SDRs verwenden Software, um viele der Funktionen auszuführen, die traditionell von Hardware übernommen werden, wodurch sie äußerst flexibel und aktualisierbar sind. Mit der SDR-Technologie können Benutzer ihre Radios einfach durch das Herunterladen von Software-Updates mit neuen Funktionen und Fähigkeiten aktualisieren. Diese Flexibilität ermöglicht es Funkgeräten, sich an sich entwickelnde Kommunikationsstandards und Benutzeranforderungen anzupassen, ohne dass neue Hardware erforderlich ist.

Künstliche Intelligenz (KI) und maschinelles Lernen beginnen auch den Bereich der Funkkommunikation zu beeinflussen. KI-Algorithmen können die Signalverarbeitung verbessern, die Frequenznutzung optimieren und Netzwerkressourcen effizienter verwalten.

Beispielsweise kann KI die Sendeleistung und -frequenz dynamisch anpassen, um Störungen zu minimieren und die Signalqualität zu maximieren. Maschinelles Lernen kann auch Kommunikationsmuster analysieren und Netzwerküberlastungen vorhersagen, was ein proaktives Management und eine bessere Gesamtleistung ermöglicht.

Mit Blick auf die Zukunft bietet die Konvergenz der Funkkommunikation mit anderen Technologien wie Augmented Reality (AR) und dem Internet der Dinge (IoT) spannende Möglichkeiten. AR kann Benutzern visuelle Überlagerungen von Kommunikationsdaten bieten, beispielsweise die Anzeige der Standorte von Teammitgliedern auf einem Heads-up-Display. Durch die IoT-Integration können Funkgeräte mit einer Vielzahl intelligenter Geräte kommunizieren und so eine vernetztere und reaktionsfähigere Kommunikationsumgebung schaffen. Beispielsweise könnte ein Baofeng-Radio seine Einstellungen automatisch an den Standort und die Umgebungsbedingungen des Benutzers anpassen.

Digitale Kommunikationsmodi verbessern die Funktionalität und Zuverlässigkeit von Funkgeräten erheblich. Die Vorteile digitaler Modi, wie verbesserte Audioklarheit, Datenübertragung, Verschlüsselung und Interoperabilität, treiben den Übergang von analog zu digital voran. Aufkommende Trends wie IP-Konnektivität, Miniaturisierung, Robustheit, softwaredefinierte Funkgeräte und die Integration von KI und maschinellem Lernen werden den Bereich weiter verändern. Da sich diese Technologien ständig weiterentwickeln, sieht die Zukunft der Zwei-Wege-Funkkommunikation immer vernetzter, intelligenter und vielseitiger aus.

Integration mit Smartphones und anderen Geräten

Die Integration von Baofeng-Radios in Smartphones und andere Geräte verbessert die

Kommunikationsmöglichkeiten und bietet eine Reihe praktischer Anwendungen. Diese Integration nutzt die Stärken sowohl traditioneller Funkgeräte als auch moderner digitaler Geräte und schafft so ein vielseitiges und effizientes Kommunikationsnetzwerk. Es gibt mehrere Möglichkeiten, diese Integration zu erreichen, jede mit einzigartigen Vorteilen und Anwendungsfällen.

Eine der einfachsten Methoden zur Integration von Baofeng-Radios in Smartphones ist die Verwendung eines Kabels oder Adapters, der den Audioausgang des Radios mit dem Audioeingang des Smartphones verbindet. Durch diese Einrichtung kann das Smartphone als Schnittstelle für das Radio fungieren, sodass der Benutzer Audio über das Radio senden und empfangen kann, während er den Lautsprecher und das Mikrofon des Smartphones verwendet. Diese Methode ist einfach und effektiv für grundlegende Kommunikationsbedürfnisse, beispielsweise bei Outdoor-Aktivitäten oder Notfallsituationen.

Eine weitere beliebte Methode ist die Verwendung von Bluetooth-Adaptern. Diese Adapter können an Baofeng-Radios angebracht werden und ermöglichen so die drahtlose Kommunikation zwischen dem Radio und einem Smartphone. Bluetooth-Adapter sind besonders nützlich für Benutzer, die eine freihändige Bedienung benötigen, beispielsweise Wanderer, Radfahrer oder Sicherheitspersonal. Durch die Verbindung des Radios mit einem Smartphone über Bluetooth haben Benutzer die Hände frei und können dennoch eine klare Kommunikation mit ihrem Team aufrechterhalten.

Smartphone-Anwendungen, die für die Funkintegration konzipiert sind, bieten noch mehr erweiterte Funktionalität. Apps wie Zello und EchoLink ermöglichen die Verbindung von Smartphones mit Funkgeräten über das Internet. Diese Apps verwandeln das Smartphone in ein virtuelles Walkie-Talkie und ermöglichen es

Benutzern, mit Funkern überall auf der Welt zu kommunizieren, sofern eine Internetverbindung besteht. Mit Zello können Benutzer beispielsweise Kanäle für bestimmte Gruppen erstellen und so Aktivitäten einfacher koordinieren oder große Veranstaltungen verwalten. EchoLink hingegen verbindet Amateurfunkbetreiber weltweit und erleichtert so die Fernkommunikation und internationale Zusammenarbeit.

Die Integration mit Smartphones ermöglicht außerdem die Verwendung von GPS- und Kartenfunktionen zur Verbesserung der Funkkommunikation. Durch die Verbindung eines Baofeng-Radios mit einem Smartphone können Benutzer ihre GPS-Koordinaten mit anderen in ihrer Gruppe teilen. Diese Funktion ist besonders nützlich für Outdoor-Abenteurer, Such- und Rettungsteams und Veranstalter. Während einer Wanderexpedition können die Teammitglieder beispielsweise in Echtzeit die Standorte der anderen auf einer Karte sehen, um sicherzustellen, dass sich niemand verirrt und im Notfall eine schnelle Koordination ermöglicht wird.

Die Smartphone-Integration ermöglicht auch die Aufzeichnung und Protokollierung des Funkverkehrs. Apps können über das Radio übertragene Gespräche aufzeichnen und so eine Aufzeichnung der Kommunikation bereitstellen, die später überprüft werden kann. Diese Funktion ist für Sicherheitsteams, Veranstaltungskoordinatoren und Notfallhelfer von Vorteil, die detaillierte Aufzeichnungen über ihre Einsätze führen müssen. Aufgezeichnete Kommunikationen können für Schulungszwecke, zur Überprüfung von Vorfällen und zur rechtlichen Dokumentation verwendet werden.

Neben Smartphones können Baofeng-Radios auch in andere digitale Geräte wie Tablets und Computer integriert werden. Diese Integration ist besonders nützlich in Kommandozentralen oder Kontrollräumen, wo mehrere

Kommunikationskanäle gleichzeitig überwacht werden müssen. Für Desktops und Tablets entwickelte Softwareanwendungen können mit Baofeng-Funkgeräten verbunden werden, sodass Bediener von einem zentralen Standort aus den Funkverkehr verwalten, Teams koordinieren und mit dem Außendienstpersonal kommunizieren können. Dieses Setup verbessert die betriebliche Effizienz und das Situationsbewusstsein.

Für Amateurfunkbegeisterte eröffnet die Integration von Baofeng-Funkgeräten in Computer eine Welt voller Möglichkeiten. Softwaredefinierte Radioprogramme (SDR) wie Ham Radio Deluxe und SDR Console können zur Steuerung von Baofeng-Radios von einem Computer aus verwendet werden. Diese Programme bieten erweiterte Funktionen wie Spektrumanalyse, Betrieb im digitalen Modus und Protokollierung, was es Amateurfunkern erleichtert, mit verschiedenen Frequenzen und Kommunikationsmodi zu experimentieren. Durch den Anschluss des Funkgeräts an einen Computer können Benutzer auch an digitalen Kommunikationsmodi wie PSK31, RTTY und FT8 teilnehmen, die in der Amateurfunk-Community beliebt sind.

Eine weitere spannende Anwendung der Baofeng-Funkintegration liegt im Bereich des Internets der Dinge (IoT). Durch die Verbindung von Baofeng-Funkgeräten mit IoT-Geräten können Benutzer automatisierte Systeme erstellen, die die Kommunikation und Sicherheit verbessern. Mithilfe von IoT-Sensoren können beispielsweise Umgebungsbedingungen überwacht und bei Überschreitung bestimmter Schwellenwerte automatisch Alarme über Funk übermittelt werden. Dieser Aufbau ist in industriellen Umgebungen nützlich, wo die Überwachung von Bedingungen wie Temperatur, Luftfeuchtigkeit und Gasgehalt für die Sicherheit von entscheidender Bedeutung ist. Ebenso können Hausautomationssysteme Baofeng-Funkgeräte nutzen, um bei

Sicherheitsverstößen oder Notfällen Warnungen zu senden.

Im Bereich der öffentlichen Sicherheit kann die Integration von Baofeng-Funkgeräten in digitale Geräte die Koordination und Reaktionszeiten verbessern. Polizei, Feuerwehr und medizinische Dienste können integrierte Systeme nutzen, um Echtzeitinformationen auszutauschen, wie z. B. Unfallorte, Statusaktualisierungen und Ressourcenzuweisung. Durch die Verwendung von Tablets oder Smartphones, die mit Baofeng-Funkgeräten verbunden sind, können Ersthelfer unterwegs auf wichtige Informationen zugreifen und so fundierte Entscheidungen treffen und effektiv auf Notfälle reagieren.

Auch der Bildungssektor profitiert von der Integration von Baofeng-Radios mit digitalen Geräten. Schulen und Universitäten können in Notfällen integrierte Systeme für die Campussicherheit, Veranstaltungskoordination und

Kommunikation nutzen. Durch den Anschluss von Funkgeräten an einen zentralen Kommunikationsknotenpunkt können Administratoren Kommunikationskanäle überwachen und verwalten und so sicherstellen, dass Informationen in kritischen Situationen schnell und genau verbreitet werden.

Die Integration von Baofeng-Radios in Smartphones und andere digitale Geräte verbessert die Kommunikationsfähigkeiten erheblich und bietet eine Vielzahl praktischer Anwendungen. Ob für Outdoor-Abenteuer, Notfallmaßnahmen, öffentliche Sicherheit oder Amateurfunkexperimente – diese Integration bietet Benutzern die Tools, die sie benötigen, um in Verbindung zu bleiben und informiert zu bleiben. Durch die Nutzung der Stärken sowohl traditioneller Radios als auch moderner digitaler Technologie können Benutzer vielseitige und effiziente Kommunikationsnetzwerke erstellen, die auf ihre spezifischen Bedürfnisse zugeschnitten sind.

Neue Technologien in der Notfallkommunikation

Neue Technologien verändern die Landschaft der Notfallkommunikation ständig neu und bringen innovative Lösungen hervor, die versprechen, die Wirksamkeit von Funkgeräten zu steigern und die Reaktionszeiten in kritischen Situationen zu verbessern. Diese Technologien nutzen Fortschritte in Bereichen wie Konnektivität, Datenverarbeitung und Sensorintegration, um robustere und widerstandsfähigere Kommunikationsnetzwerke zu schaffen. Das Verständnis dieser neuen Technologien kann wertvolle Einblicke in die Zukunft der Notfallkommunikation und -vorsorge liefern.

Einer der vielversprechendsten Fortschritte in der Notfallkommunikation ist die Integration von Algorithmen für künstliche Intelligenz (KI) und maschinelles Lernen (ML). Diese Technologien können große Datenmengen in Echtzeit analysieren und so eine genauere Vorhersage von Notfällen und schnellere Reaktionszeiten ermöglichen. Beispielsweise können KI-gestützte Systeme soziale Medien, Sensornetzwerke und andere Datenquellen auf frühe Anzeichen von Katastrophen wie Waldbränden, Überschwemmungen oder Erdbeben überwachen. Durch die Analyse von Mustern und Trends können diese Systeme Notfallhelfer frühzeitig warnen und ihnen ermöglichen, proaktive Maßnahmen zur Abmilderung der Auswirkungen der Katastrophe zu ergreifen.

Ein weiterer Innovationsbereich ist der Einsatz unbemannter Luftfahrzeuge (UAVs) oder Drohnen zur Notfallkommunikation. Drohnen, die mit Kommunikationsgeräten wie Repeatern oder mobilen Basisstationen ausgestattet sind, können in Gebieten, in denen die traditionelle Infrastruktur beschädigt oder zerstört wurde, schnell temporäre Kommunikationsnetzwerke aufbauen. Diese

Drohnen können über Katastrophengebiete fliegen, stellen eine Verbindung zu Ersthelfern und betroffenen Gemeinden her und erleichtern so die Koordinierung und Rettungsmaßnahmen. Darüber hinaus können Drohnen zur Luftaufklärung eingesetzt werden, sodass Notfallteams das Ausmaß des Schadens einschätzen und Bereiche identifizieren können, die Hilfe benötigen.

Auch bei der Notfallkommunikation spielt die Satellitenkommunikationstechnologie eine entscheidende Rolle, insbesondere in abgelegenen oder isolierten Regionen, in denen es an terrestrischer Infrastruktur mangelt. Satellitentelefone und satellitenbasierte Internetdienste bieten zuverlässige Kommunikationsmöglichkeiten auch in Gebieten ohne Mobilfunkempfang oder bei Naturkatastrophen, die terrestrische Netzwerke stören. Diese Technologien ermöglichen es Notfallhelfern, die Kommunikation mit den Kommandozentralen aufrechtzuerhalten und

Rettungseinsätze effektiv zu koordinieren, unabhängig vom Standort oder den Umgebungsbedingungen.

Das Internet der Dinge (IoT) ist eine weitere aufstrebende Technologie mit erheblichem Potenzial zur Verbesserung der Notfallkommunikation. IoT-Geräte wie Sensoren und intelligente Sensoren können Echtzeitdaten über Umgebungsbedingungen, Infrastrukturstatus und menschliche Aktivitäten sammeln. Diese Daten können drahtlos an ein zentrales Überwachungssystem übertragen werden, wo KI-Algorithmen sie analysieren, um Anomalien oder potenzielle Notfälle zu erkennen. Beispielsweise können in Gebäuden installierte IoT-Sensoren die strukturelle Integrität überwachen, Anzeichen von Schäden oder Instabilität erkennen und Behörden auf potenzielle Gefahren aufmerksam machen, bevor diese zu Notfällen eskalieren.

In den letzten Jahren haben Fortschritte in der tragbaren Technologie auch zur Verbesserung der Notfallkommunikation beigetragen. Smartwatches, Fitness-Tracker und andere tragbare Geräte, die mit Kommunikationsfunktionen ausgestattet sind, können Benutzern in Notfällen Echtzeitwarnungen und -benachrichtigungen bereitstellen. Diese Geräte können Vitalfunktionen überwachen, Stürze oder Unfälle erkennen und automatisch Notsignale an Notfallkontakte oder Behörden senden. Beispielsweise kann ein Wanderer, der eine Smartwatch mit GPS und Mobilfunkverbindung trägt, schnell Hilfe rufen, wenn er sich verletzt oder sich in der Wildnis verirrt.

Die Blockchain-Technologie ist ein weiterer aufkommender Trend, der vielversprechend für die Verbesserung der Notfallkommunikation und -reaktion ist. Blockchain, ein dezentrales und sicheres digitales Hauptbuch, kann zur Speicherung und Überprüfung kritischer Informationen wie Notfallprotokolle, Krankenakten und

Lieferkettenlogistik verwendet werden. Durch den Einsatz der Blockchain-Technologie können Notfallhelfer die Integrität und Authentizität der von mehreren Behörden und Organisationen ausgetauschten Informationen sicherstellen und so die Koordination und Entscheidungsfindung in Krisensituationen verbessern.

Fortschritte in der erweiterten Realität (AR) und der virtuellen Realität (VR) haben auch das Potenzial, die Notfallkommunikation und -schulung zu revolutionieren. AR- und VR-Technologien können realistische Notfallszenarien simulieren und ermöglichen es den Einsatzkräften, ihre Fähigkeiten in einer sicheren und kontrollierten Umgebung zu üben und zu verfeinern. Beispielsweise können Feuerwehrleute mithilfe von AR-Headsets Gebäudegrundrisse visualisieren, Gefahren lokalisieren und Evakuierungswege planen, bevor sie ein brennendes Gebäude betreten. Ebenso kann medizinisches Personal VR-Simulationen nutzen, um Triage-Verfahren und medizinische

Notfalleinsätze zu üben und so seine Bereitschaft zu verbessern, auf Massenunfallereignisse zu reagieren.

Neue Technologien verändern den Bereich der Notfallkommunikation und bieten innovative Lösungen, die die Wirksamkeit von Funkgeräten steigern und die Reaktionszeiten in Krisenzeiten verbessern. Von KI-gestützten prädiktiven Analysen bis hin zu drohnengestützten Kommunikationsnetzwerken haben diese Technologien das Potenzial, die Art und Weise zu revolutionieren, wie Einsatzkräfte bei Katastrophen und Notfällen kommunizieren, koordinieren und zusammenarbeiten. Indem wir diese Fortschritte nutzen und sie in die bestehende Kommunikationsinfrastruktur integrieren, können wir widerstandsfähigere und anpassungsfähigere Notfallkommunikationssysteme aufbauen, die Leben retten und die Auswirkungen von Katastrophen abmildern.

Die Zukunft von Baofeng und anderen erschwinglichen Funklösungen

Die Zukunft von Baofeng-Radios und anderen erschwinglichen Radiolösungen birgt ein spannendes Potenzial, angetrieben durch technologische Fortschritte, Veränderungen in den Verbraucherpräferenzen und sich entwickelnde Marktdynamik. Wenn wir in die Zukunft blicken, werden wahrscheinlich mehrere wichtige Trends und Entwicklungen die Entwicklung dieser Produkte prägen und neue Chancen und Herausforderungen für Hersteller, Einzelhändler und Benutzer gleichermaßen bieten.

Einer der wichtigsten Trends für die Zukunft erschwinglicher Funklösungen ist die steigende Nachfrage nach vielseitigen und funktionsreichen Kommunikationsgeräten zu erschwinglichen Preisen. Da sich die Technologie ständig weiterentwickelt und erschwinglicher wird, suchen

Verbraucher nach Radios, die erweiterte Funktionen bieten, ohne ihr Budget zu sprengen. Baofeng, bekannt für seine kostengünstigen und dennoch leistungsstarken Radios, ist gut aufgestellt, um von diesem Trend zu profitieren, indem es weiterhin Innovationen hervorbringt und Produkte anbietet, die den Bedürfnissen preisbewusster Benutzer gerecht werden.

Neben der Erschwinglichkeit werden Komfort und Benutzerfreundlichkeit für Verbraucher immer wichtigere Faktoren bei der Wahl einer Funklösung. Daher können wir mit weiteren Bemühungen rechnen, das Benutzererlebnis zu optimieren und die Bedienung von Baofeng-Radios und anderen erschwinglichen Optionen zu vereinfachen. Dies kann die Entwicklung intuitiver Benutzeroberflächen, verbesserter ergonomischer Designs und verbesserter Zugänglichkeitsfunktionen umfassen, um Benutzern aller Altersgruppen und Fähigkeiten gerecht zu werden.

Ein weiterer aufkommender Trend auf dem Markt für erschwingliche Radiogeräte ist die Integration moderner Konnektivitätstechnologien wie Bluetooth und Wi-Fi. Durch die Integration dieser Funktionen in ihre Produkte können Hersteller wie Baofeng den Benutzern mehr Flexibilität und Vielseitigkeit bei der Kommunikation bieten. Beispielsweise ermöglicht die Bluetooth-Konnektivität eine nahtlose Kopplung mit Smartphones und anderen Geräten und ermöglicht so eine freihändige Bedienung und Integration mit mobilen Apps. Wi-Fi-Konnektivität hingegen ermöglicht drahtlose Datenübertragung und Fernsteuerungsfunktionen und eröffnet neue Möglichkeiten für die Fernüberwachung und -verwaltung von Funksystemen.

Darüber hinaus dürften Fortschritte in der digitalen Signalverarbeitung (DSP) und der softwaredefinierten Radiotechnologie (SDR) Innovationen bei erschwinglichen Funklösungen vorantreiben. Mithilfe dieser Technologien können Hersteller erweiterte Funktionen wie Rauschunterdrückung, Signalfilterung und Verschlüsselung implementieren und so die Klarheit und Zuverlässigkeit der Kommunikation in anspruchsvollen Umgebungen verbessern. Baofeng und andere Hersteller nutzen möglicherweise DSP- und SDR-Technologie, um die Leistung ihrer Radios zu verbessern und ihre Produkte auf dem Markt zu differenzieren.

Da die Nachfrage nach erschwinglichen Funklösungen weiter wächst, können wir auch mit einer Erweiterung des Produktökosystems rund um Baofeng und ähnliche Marken rechnen. Dies kann die Entwicklung einer breiten Palette von Zubehör und Peripheriegeräten umfassen, die die Funktionalität und Vielseitigkeit dieser Funkgeräte verbessern sollen. Zubehör wie Antennen, Akkupacks, Koffer und Montagelösungen bieten Benutzern zusätzliche Möglichkeiten, ihre

Funksysteme an ihre spezifischen Bedürfnisse und Vorlieben anzupassen und zu optimieren.

Darüber hinaus ist die Zukunft erschwinglicher Funklösungen eng mit umfassenderen Trends in der Kommunikationstechnologie verbunden, einschließlich der Entstehung von 5G-Netzwerken, dem Internet der Dinge (IoT) und der Verbreitung intelligenter Geräte. Baofeng und andere Hersteller prüfen möglicherweise Möglichkeiten, ihre Funkgeräte in diese Technologien zu integrieren und so eine nahtlose Konnektivität und Interoperabilität mit anderen Geräten und Systemen zu ermöglichen. Beispielsweise könnten mit IoT-Sensoren ausgestattete Baofeng-Radios Echtzeitdaten über Umgebungsbedingungen, Infrastrukturstatus und menschliche Aktivitäten liefern und so das Situationsbewusstsein und die Entscheidungsfindung für Benutzer in verschiedenen Anwendungen verbessern.

Im Hinblick auf die Marktdynamik wird erwartet, dass das Segment der erschwinglichen Radios weiterhin hart umkämpft bleibt, da neue Anbieter in den Markt eintreten und bestehende Anbieter ihre Produktportfolios erweitern. Als Marktführer in diesem Segment muss Baofeng wachsam bleiben und auf sich ändernde Verbraucherpräferenzen und Markttrends reagieren. Dies kann Investitionen in Forschung und Entwicklung umfassen, um neue Funktionen und Technologien zu entwickeln, Vertriebskanäle zu erweitern, um neue Kunden zu erreichen, und starke Kundenbeziehungen durch reaktionsschnellen Support und Service pflegen.

Die Zukunft von Baofeng-Radios und anderen erschwinglichen Funklösungen ist rosig und voller Möglichkeiten. Durch die Nutzung technologischer Fortschritte, die Reaktion auf sich ändernde Verbraucherbedürfnisse und die Anpassung an die sich entwickelnde Marktdynamik können Baofeng und andere Hersteller weiterhin innovative und zuverlässige Kommunikationslösungen anbieten, die es Benutzern ermöglichen, in jeder Situation verbunden, informiert und sicher zu bleiben. Da Erschwinglichkeit, Komfort und Leistung für Verbraucher nach wie vor oberste Priorität haben, können wir mit anhaltender Innovation und Wachstum in diesem spannenden Segment des Kommunikationsmarktes rechnen.

ABSCHLUSS

Funkkommunikation ist eine Fähigkeit, die durch Übung und kontinuierliches Lernen stärker wird. Baofeng-Radios bieten eine fantastische Möglichkeit, diese Fähigkeit zu verbessern, aber um sie wirklich zu beherrschen, ist eine kontinuierliche Ausbildung unerlässlich. Beschäftigen Sie sich regelmäßig mit Ihrem Radio, um Selbstvertrauen und Kompetenz aufzubauen. Übung macht den Meister und mit jedem Einsatz werden Sie besser im Umgang mit Ihrem Gerät in verschiedenen Situationen.

Es gibt zahlreiche Ressourcen, die Sie auf dieser Reise unterstützen. Online-Foren und Communities wie r/baofeng von Reddit oder spezielle Amateurfunkforen können eine Fülle von Wissen und Unterstützung von anderen Enthusiasten bieten. YouTube-Kanäle und Tutorial-Websites bieten visuelle Anleitungen, die komplexe Funktionen und Programmierschritte verdeutlichen können.

Erwägen Sie außerdem, örtlichen Radioclubs beizutreten, in denen Sie an praktischen Aktivitäten teilnehmen und von erfahrenen Betreibern lernen können.

Amateurfunkveranstaltungen wie Feldtage und Wettbewerbe sind ebenfalls hervorragende Gelegenheiten, Ihre Fähigkeiten zu üben und neue Techniken zu erlernen. Durch die Teilnahme an diesen Veranstaltungen können Sie verschiedene Aspekte der Funkkommunikation kennenlernen und ein Netzwerk von Gleichgesinnten aufbauen, die Ihre Leidenschaft teilen.

Wenn Sie Ihr Baofeng-Funkgerät verstehen und effektiv nutzen, können Sie Ihre Kommunikationsfähigkeiten erheblich verbessern. Hier sind einige abschließende Tipps, die Ihnen helfen, das Beste aus Ihrem Gerät herauszuholen:

Lesen Sie das Handbuch: Es mag offensichtlich erscheinen, aber das mit Ihrem Baofeng-Radio gelieferte Handbuch ist eine wertvolle Ressource. Es bietet detaillierte Informationen zu den Merkmalen und Funktionen Ihres Modells.

Routinewartung: Halten Sie Ihr Radio sauber und trocken, um sicherzustellen, dass es ordnungsgemäß funktioniert. Wischen Sie es regelmäßig ab und überprüfen Sie es auf Anzeichen von Abnutzung oder Beschädigung. Ein gut gewartetes Radio ist zuverlässiger und hat eine längere Lebensdauer.

Üben Sie die Schlüsselfunktionen: Nehmen Sie sich Zeit, um grundlegende und erweiterte Funktionen wie das Programmieren von Kanälen, die Verwendung von Repeater-Kanälen und das Einrichten von Dual-Watch-Modi zu üben. Wenn Sie mit diesen Funktionen vertraut sind, werden Sie bei der tatsächlichen Nutzung effizienter.

Antennen aufrüsten: Die Standardantenne, die mit Ihrem Baofeng-Radio geliefert wird, ist für den allgemeinen Gebrauch ausreichend, aber ein

Upgrade auf eine höherwertige Antenne kann Ihre Reichweite und Signalklarheit erheblich verbessern. Erwägen Sie die Investition in eine seriöse Aftermarket-Antenne.

Verwenden Sie hochwertiges Zubehör: Zubehör wie Ohrhörer, externe Mikrofone und Akkus können Ihr Radioerlebnis verbessern. Wählen Sie Zubehör, das mit Ihrem Baofeng-Modell kompatibel ist, um die beste Leistung zu gewährleisten.

Überwachen Sie lokale Frequenzen: Bleiben Sie auf den lokalen Frequenzen auf dem Laufenden, um Updates zu Wetter, Notfällen und Community-Aktivitäten zu erhalten. Diese Angewohnheit hält Sie auf dem Laufenden und bereitet Sie auf jede Situation vor, die auftreten könnte.

Bleiben Sie legal: Halten Sie sich stets an die örtlichen Vorschriften zur Funkkommunikation.

Stellen Sie sicher, dass Sie bei Bedarf über die erforderlichen Lizenzen verfügen und nutzen Sie Ihr Radio verantwortungsbewusst, um Störungen öffentlicher Dienste zu vermeiden.

Nehmen Sie an Übungen teil: Nehmen Sie an von der Gemeinde oder einem Club organisierten Übungen teil, um Notfallszenarien zu simulieren. Diese Übungen können Ihnen helfen, Ihre Fähigkeiten in einer kontrollierten Umgebung zu üben und Sie auf reale Situationen vorzubereiten.

Morsecode lernen: Obwohl es nicht zwingend erforderlich ist, kann das Erlernen des Morsecodes eine wertvolle Fähigkeit sein. Dies ist eine effektive Form der Kommunikation, insbesondere in Notfällen, in denen eine Sprachkommunikation möglicherweise nicht möglich ist.

Experimentieren Sie mit verschiedenen Einstellungen: Scheuen Sie sich nicht, die Einstellungen Ihres Radios zu erkunden und mit ihnen zu experimentieren. Das Ausprobieren verschiedener Frequenzen, Modi und Konfigurationen kann Ihnen dabei helfen, die besten Einstellungen für verschiedene Situationen zu finden.

Dokumentieren Sie Ihre Erkenntnisse: Führen Sie ein Protokoll über Frequenzen, Einstellungen und Erfahrungen. Dieses Protokoll kann als Kurzreferenz dienen und Ihnen helfen, sich an effektive Strategien und Konfigurationen zu erinnern.

In Verbindung bleiben: Nutzen Sie Ihr Funkgerät, um mit Familie, Freunden und Gemeindemitgliedern in Kontakt zu bleiben, insbesondere in Notfällen. Regelmäßige Check-ins sorgen dafür, dass alle sicher und informiert sind.

Indem Sie diese Tipps in Ihre Routine integrieren, können Sie das Potenzial Ihres Baofeng-Radios maximieren. Die Kraft der Kommunikation zu nutzen bedeutet nicht nur, die technischen Aspekte zu verstehen, sondern auch den Geist des kontinuierlichen Lernens und der Praxis zu fördern. Mit Engagement und den richtigen Ressourcen sind Sie für alle Kommunikationsanforderungen gerüstet, sei es im Alltag oder in kritischen Situationen.

www.ingramcontent.com/pod-product-compliance
Lightning Source LLC
Chambersburg PA
CBHW050048230526
45470CB00004B/1441